Adam Frost

UN LIVRE EXTRA SUR DES ANIMAUX GÉNIAUX

HAUT PERCHÉS

On sait tous que les oiseaux vivent dans les arbres. Ce qu'on sait moins c'est qu'ils cohabitent parfois avec d'étranges compagnons.

RENARD

Le renard gris est l'un des rares renards à savoir grimper aux arbres. Il peut ainsi "nicher" jusqu'à 10 m au-dessus du sol.

GRENOUILLE

Non seulement les grenouilles volantes vivent dans les arbres mais elles peuvent aussi planer de branche en branche grâce à leurs pattes palmées.

CRABE

Le crabe cocotier peut atteindre 1 m de large. Cet arthropode terrestre monte sur les cocotiers pour en manger les noix qu'il brise avec ses pinces.

POISSON

La perche grimpeuse peut vivre plusieurs jours hors de l'eau et grimper aux arbres.

CHÈVRE

Au Maroc, les chèvres sont réputées pour grimper aux arbres jusqu'à 10 m au-dessus du sol.

DE QUOI EN PERDRE LA TÊTE !

Être avalé tout cru et s'en sortir vivant… c'est possible !

L'Anglais Paul Templer a été avalé la tête la première par un hippopotame. C'est grâce à un ami qu'il est parvenu à s'en sortir. Paul raconte qu'il avait eu la sensation d'être piégé dans quelque chose de gluant qui sentait l'œuf pourri.

Un grand requin blanc a gobé Eric Nerhus jusqu'à la taille. Il est parvenu à s'en sortir en frappant l'œil de l'animal de sa main restée libre. Eric raconte qu'il avait l'impression d'être dans une grotte.

La pression exercée par la mâchoire d'un crocodile peut atteindre 255 bars, l'équivalent d'une PRESSE AUTOMOBILE.

« Je pense que j'ai touché ses papilles », s'est exprimé le plongeur James Morrow après avoir fini dans la gueule d'un alligator. Son masque et son tuba l'ont protégé jusqu'à ce qu'il soit libéré.

Équipé d'une combinaison spéciale, Paul Rosolle a accepté un défi fou pour une émission de télévision : être gobé par un anaconda. Le serpent n'arriva à avaler que la tête, puis Paul fut secouru par l'équipe du tournage.

ÇA DONNE SOIF !

Quelle quantité d'eau les animaux doivent-ils boire quotidiennement ?

ÉLÉPHANT

=

200 litres
(1 baignoire remplie)

VACHE

=

50 litres
(l'évier d'une cuisine rempli)

COCHON

=

6 litres
(un seau plein)

HUMAIN

=

2-3 litres
(on recommande 4 à 6 petites bouteilles par jour !)

J'AI PAS SOIF !

Le fennec vit dans le désert. Il peut passer sa vie entière sans boire une seule goutte d'eau.

PAS BIEN DIGESTE !

On peut trouver de tout dans l'estomac d'une autruche.

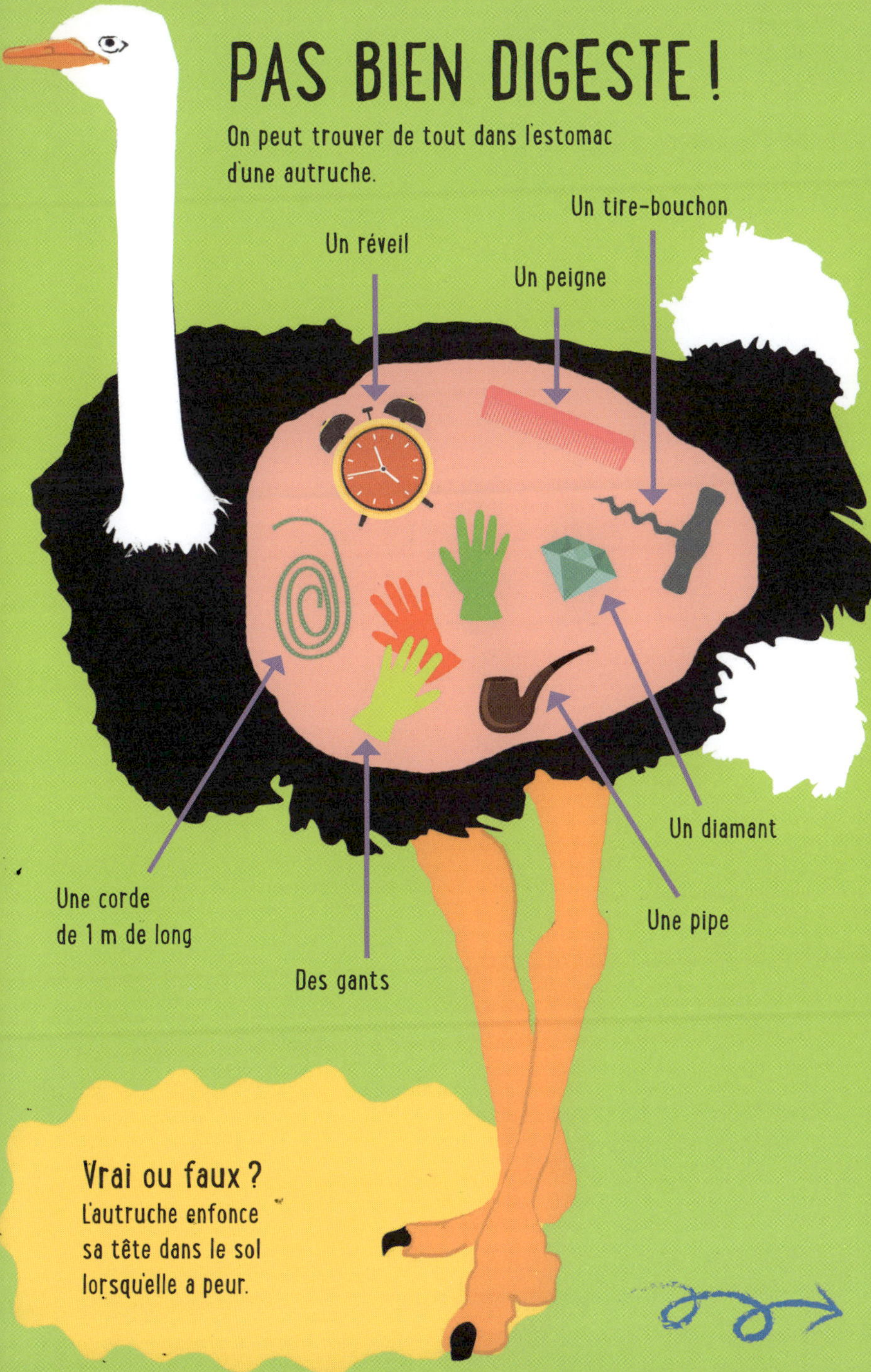

Vrai ou faux ?
L'autruche enfonce sa tête dans le sol lorsqu'elle a peur.

L'EMBARRAS DU CHOIX

La plupart des oiseaux se contentent d'un seul nid. Ce n'est pas le cas du busard des roseaux mâle qui en construit en moyenne 22 chaque année !

Sa femelle choisit son nid préféré en s'y installant.

Faux ! Lorsque les autruches se sentent menacées, elles prennent la poudre d'escampette. Avec des pointes à 70 km/h, ce sont les oiseaux terrestres les plus rapides.

DES OISEAUX ZINZINS

Certains oiseaux ne s'embarrassent pas d'un nid et pondent leurs œufs dans des endroits tout à fait insolites.

GYGIS BLANCHE : en équilibre sur une branche.

GUILLEMOT : perché sur la paroi d'une falaise.

TROGON : dans un nid de guêpes.

COUCOU : dans le nid d'un autre oiseau.

MANCHOT EMPEREUR : en équilibre sur les pattes du manchot mâle.

BURHINIDÉ : dans un gros caca d'hippopotame.

ANIMAUX MAGIQUES

Œil de chauve-souris et orteil de triton…
Réservés aux sorcières ? Pas si sûr !

En Égypte ancienne, on versait dans l'œil quelques gouttes de sang de chauve-souris pour guérir des infections.

En Angleterre, sous le règne d'Élisabeth 1re, on pensait guérir les verrues en appliquant dessus la moitié du corps d'une souris fraîchement découpée.

À l'époque médiévale, en Angleterre, on avait l'habitude de manger des intestins de chat pour soigner les infections de la gorge.

En Grèce antique, on mangeait du hibou cuisiné pour soigner la goutte (une maladie des articulations).

Il y a une centaine d'années, en Italie, on mangeait les toiles d'araignée (et les araignées avec) pour lutter contre la malaria.

Au Moyen Âge, les blessures infligées par une épée étaient soignées d'une drôle de manière. On préparait une mixture de lombrics, de cerveaux de porcs et de morceaux de corps humains, qui était disposée sur l'ÉPÉE et non sur la plaie !

Au Moyen Âge, en Angleterre, on soignait les maux de gorge avec du caca sec de chien mélangé à du miel.

Inutile d'essayer l'un de ces remèdes. Aucun ne fonctionne !

DES BÊTES DANS L'ESPACE

543 êtres humains et des MILLIERS d'animaux sont déjà allés dans l'espace*.

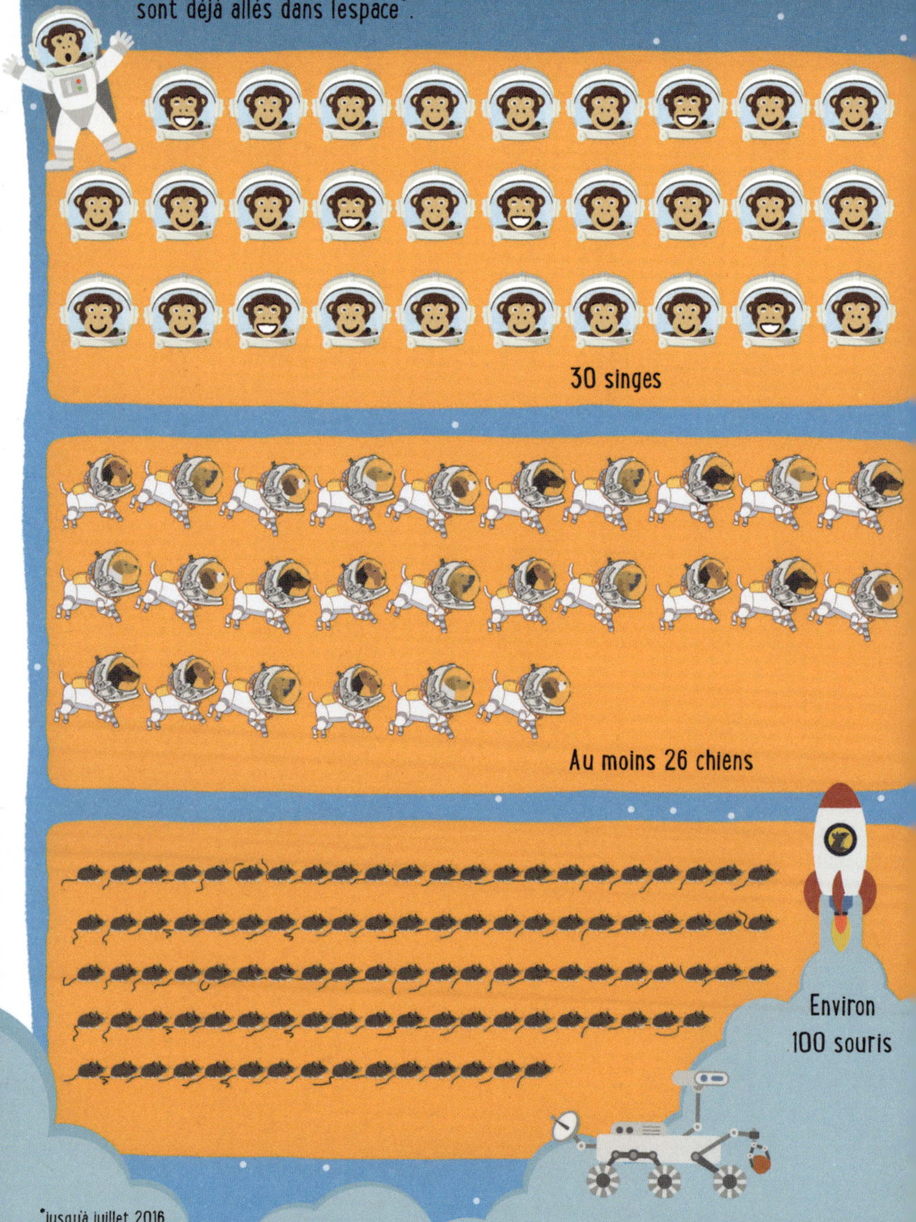

*jusqu'à juillet 2016

Parmi les autres animaux qui ont séjourné dans l'espace, on trouve des :

grenouilles · chats · geckos · cochons d'Inde · lapins · méduses

À l'origine, les animaux étaient envoyés pour tester la sécurité des équipements spatiaux. Aujourd'hui, ils sont employés à des fins de recherches scientifiques.

En 2008, 2 araignées ont tissé la première toile de l'espace. L'état d'apesanteur n'a pas facilité leur travail !

De nombreux singes ont suivi le même entraînement que les spationautes humains. Ham, un chimpanzé envoyé dans l'espace en 1961, a même participé au pilotage du vaisseau spatial.

Bien avant les humains, les animaux ont battu des records :

1949 - premier singe dans l'espace (Albert II)

1950 - première souris dans l'espace

1951 - premiers chiens dans l'espace (Dezik et Tsygan)

1959 - premier lapin dans l'espace (Marfusa)

1961 - premier humain dans l'espace (Iouri Gagarine)

Les premiers bébés dans l'espace étaient des cafards. En 2007, un cafard russe prénommé Hope a donné naissance à 33 bébés à bord du satellite Foton-M.

À ce jour, aucun humain n'a vu le jour dans l'espace.

VOYAGEURS AU LONG COURS

Quelle est donc la distance parcourue par ces animaux au cours de leur existence ?

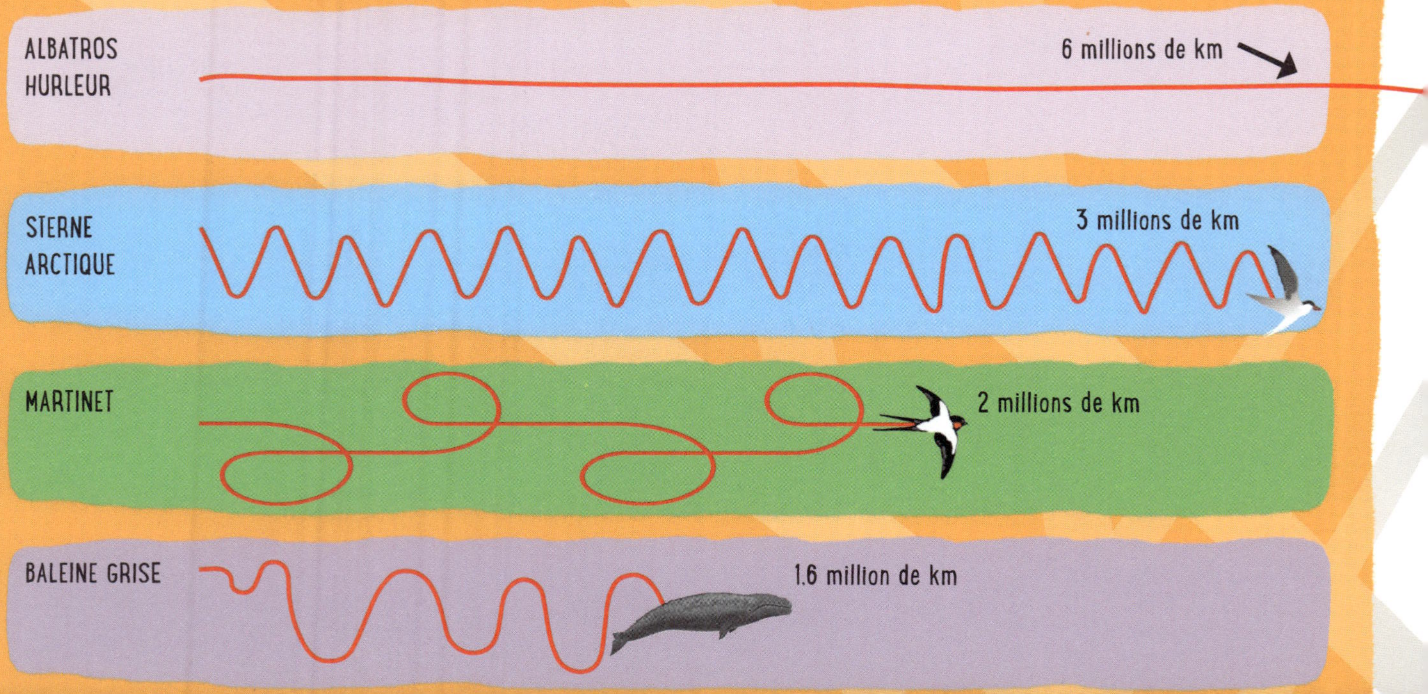

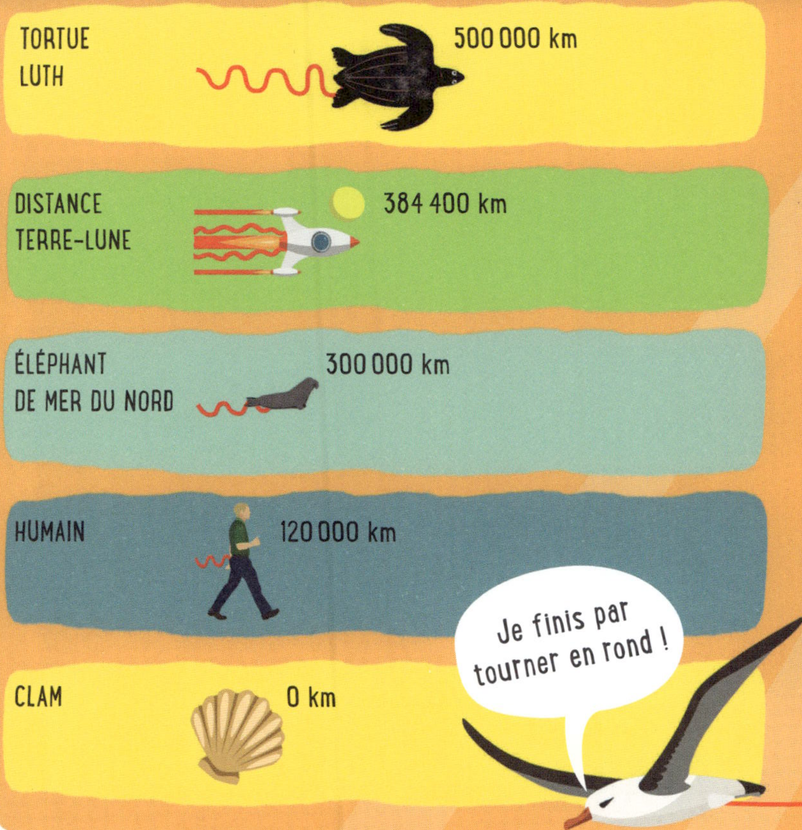

La sterne arctique fait l'aller/retour pôle Nord-pôle Sud chaque ANNÉE. Un voyage de 90 000 km !

Tu effectueras environ 120 000 km au cours de ta vie. C'est l'équivalent de 3 tours du monde !

Les palourdes se trouvent une place au fond de l'océan et n'en bougent plus. Elles peuvent ainsi vivre 500 ANS au même endroit.

MONSTRES DES MERS

Les plus gros animaux de la planète vivent dans les océans.

Le crocodile marin peut atteindre
6 m de long. Il va fréquemment
chercher sa nourriture en mer.
Le poisson ruban
mesure 15 m de long.
Il n'est pas rare
de le voir nager
à la VERTICALE !
Poisson-lune 4 m
Raie manta
océanique 7 m
(d'un bout à l'autre)
Calmar géant 12 m

PAS TRÈS RAGOÛTANT...

Certains animaux ont des régimes alimentaires plutôt répugnants !

Les chauves-souris vampires sont les seuls mammifères à se nourrir de sang.

Les pinsons vampires transpercent la peau des gros oiseaux pour pouvoir boire leur sang.

SANG

Il existe 2 500 variétés de puces, mais toutes raffolent du sang.

Certaines sangsues voient leur taille MULTIPLIÉE PAR 10 lorsqu'elles se nourrissent de sang.

Ne touche jamais les filaments d'une galère portugaise

Les bousiers font des boulettes avec leurs excréments et les stockent pour les manger. Certains récupèrent même les cacas d'autres espèces.

Les lapins produisent des excréments particuliers, appelés cécotropes. Ils contiennent des vitamines que l'animal doit manger pour rester en bonne santé.

CACA

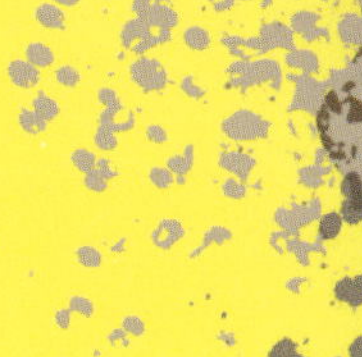

Les gorilles mangent leurs cacas et ceux de leurs congénères. Les scientifiques pensent que ça les aide à digérer les autres aliments.

Tu t'es toujours demandé pourquoi les cacas attirent les mouches ? C'est parce qu'elles s'en nourrissent.

VOMI

Les pingouins se nourrissent de poissons. Une fois digérés, ils recrachent une mixture gluante qu'ils déposent dans le bec de leur progéniture.

Les vaches doivent mâcher 2 fois leur nourriture pour la digérer. Elles la mâchent une première fois, la régurgitent et la mâche de nouveau.

LARMES

Il existe des papillons friands de larmes d'éléphants.

Certaines abeilles boivent les larmes des crocodiles qui sont riches en sel. Cet élément est fondamental dans leur régime alimentaire.

Parmi bien d'autres animaux, les autruches mangent des pierres. Ça les aide à broyer la nourriture dans leur estomac.

Le gypaète barbu se nourrit essentiellement d'os. Il capture ses proies, puis les laisse tomber d'une hauteur vertigineuse pour qu'elles se brisent en mille morceaux.

PIERRES

OS

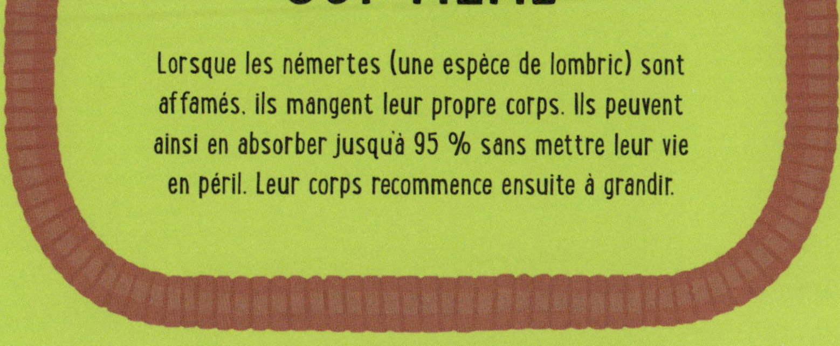

SOI-MÊME

Lorsque les némertes (une espèce de lombric) sont affamés, ils mangent leur propre corps. Ils peuvent ainsi en absorber jusqu'à 95 % sans mettre leur vie en péril. Leur corps recommence ensuite à grandir.

BEURK !

On peut parfois avoir de drôles de surprises en levant la cuvette des toilettes.

En Inde, une famille a découvert un cobra de 2 m de long logé dans les toilettes. Il est probablement remonté par les canalisations de la maison.

Les rats sont de sacrés nageurs. Eux qui vivent dans les égouts des grandes villes viennent à loccasion faire un tour dans les salles de bains...

On a rapporté à plusieurs reprises la présence décureuils barbotant dans la cuvette des toilettes. Personne ne sait pourquoi ni comment ils se sont retrouvés là.

Les grenouilles apprécient particulièrement la cuvette des toilettes. Tirer la chasse deau ne les fait pas fuir pour autant.

DÉFI DE LA NATURE

Les poissons-clowns peuvent contrôler leur croissance.

Ils vivent en petits groupes en respectant une chaîne.

Le poisson-clown stoppe sa croissance lorsqu'il atteint 80 % (ou 4/5e) de la taille du poisson suivant.

C'est toujours une femelle qui mène le groupe.

Si elle meurt et si le membre suivant est un mâle...

Non seulement il se met à grandir...

Mais il CHANGE AUSSI DE SEXE pour devenir une femelle.

ÇA PULSE !

Si tu es coincé sur une île déserte et que tu vois un puissant jet d'eau s'élever dans les airs, tu n'es pas forcément victime d'une hallucination !

Une trombe est une immense colonne faite d'eau et d'air qui s'élève de la surface de la mer jusqu'aux nuages. Elle peut faire couler des navires et projeter des poissons dans les airs. Attention, DANGER !

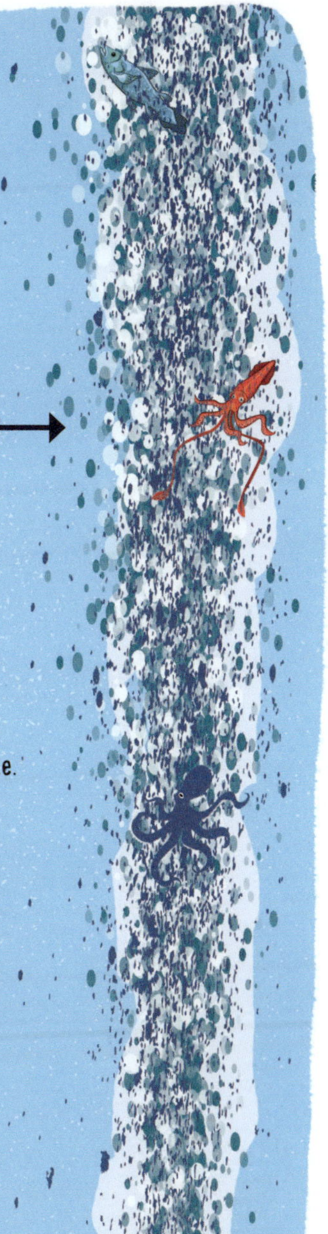

La quantité d'eau projetée par l'orque est impressionnante. Même si on l'appelle communément la baleine tueuse, elle ne s'en prend qu'aux phoques, aux poissons et aux oiseaux, jamais aux hommes.

Les toxotes ou poissons archers mesurent 6 cm de long à l'âge adulte. Ils projettent de puissants jets, atteignant parfois 3 m de haut, pour tuer les insectes qui passent par là.

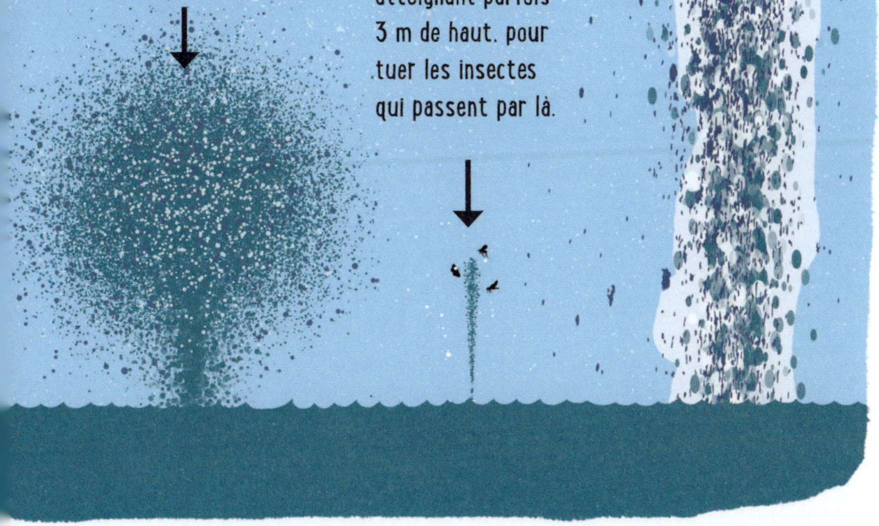

UN LONG CHEMIN

La famille Hicks est partie en vacances après avoir confié Howie, leur chat, à des amis vivant dans l'arrière-pays australien. Mais quelques jours plus tard, Howie fut porté disparu…

Dimensions du Royaume-Uni et de l'Irlande

Howie réapparut 1 AN PLUS TARD au domicile de la famille Hicks situé à Adelaïde, à 1 600 km de l'endroit où il avait été vu pour la dernière fois.

Non seulement la distance parcourue par Howie est impressionnante mais quand on connaît les animaux DANGEREUX de cette contrée, on se dit que son exploit tient du miracle.

ARAIGNÉES

De nombreuses araignées venimeuses peuplent l'Australie et notamment l'Atrax robustus, considérée comme la plus dangereuse de toutes. Elle peut :

- T'ATTAQUER si tu la déranges.
- TE MORDRE avec ses crocs si aiguisés qu'ils peuvent transpercer une chaussure de cuir.
- S'ACHARNER et mordre encore et encore.
- TE TUER en 15 minutes, soit plus vite que n'importe quelle autre araignée.

SERPENTS !

Les 10 serpents les plus venimeux du monde vivent tous en Australie. Parmi lesquels :

- Le taïpan du désert. LE serpent le plus venimeux du monde. Une dose de son poison peut tuer 100 hommes.
- Le serpent brun tue à lui seul plus d'Australiens que n'importe quel autre serpent. Il est vif comme l'éclair et d'un tempérament très agressif.

Howie a certainement dû affronter... des dingos, des crocodiles d'eau douce, une chaleur de plomb (plus de 50 °C)

Et pourtant, Howie a survécu... Il est rentré chez lui en un seul morceau !

DES LOIS PAS TRÈS SÉRIEUSES

Les humains ont inventé des lois pour les animaux… parfois très bizarres :

Toutes les baleines capturées au Royaume-Uni sont la propriété de la reine ou du roi.

À Turin (Italie), on doit sortir son chien 3 fois par jour. C'est la loi !

Dans l'Ohio (États-Unis), il est interdit de teindre les lapins.

À Sterling (États-Unis), les chats doivent porter une petite lumière au bout de leur queue lorsqu'ils sortent la nuit.

À Galesburg (États-Unis), il est interdit de détenir un chien malodorant.

À Chicago (États-Unis), la loi interdit que l'on pêche assis sur une girafe.

À Baltimore (États-Unis), il est interdit d'emmener un lion au cinéma.

La Suisse interdit que l'on ait un seul cochon d'Inde. Il doit toujours avoir un compagnon.

Les chevaux ne sont pas autorisés à Fountain III (Dakota du Sud), à moins qu'ils ne portent un pantalon.

En Alaska (États-Unis), jeter un élan depuis un avion est strictement interdit par la loi.

MORTEL !

Bien que morts, ces animaux restent dangereux.

Le venin contenu dans le dard de la raie pastenague reste efficace plusieurs heures après sa mort.

Même s'ils ne sont plus attachés au corps de l'animal, les filaments de la galère portugaise restent dangereux plusieurs jours après sa mort.

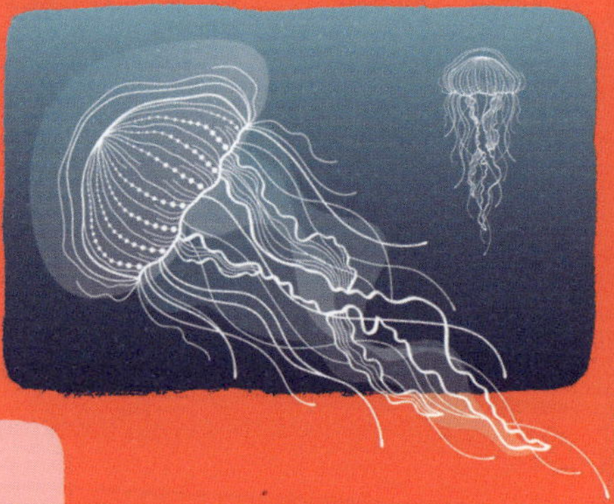

La glande contenant le venin de la guêpe est active pendant quelques instants après la mort de l'insecte.

En 2014, un chef chinois a été tué par un cobra qu'il s'apprêtait à cuisiner... 20 minutes après lui avoir coupé la tête.

ILS SONT BIZARRES

Certains animaux ne sont pas gâtés par la nature.

TRITON CRÊTÉ

BLOBFISH

CHOAZIN HUPPÉ

DRAGON DE MER

FOURMI FOLLE

TRICHOBATRACHUS ROBUSTUS

Cette grenouille poilue se casse les os pour produire des griffes en cas d'attaque. Horrible ou sacrément cool ?

NOS BÊTES PRÉFÉRÉES

Quel est ton animal préféré ? Cette question a été posée à 50 000 personnes au cours d'un sondage organisé dans le monde entier. Voici les résultats :

13 % des personnes interrogées ont répondu autre chose.
Ton animal préféré figure-t-il dans cette liste ?

QUI A MORDU CETTE PAGE ?

On reconnaît l'animal à sa morsure.

GRAND HARLE
(un canard qui a des dents)

CHIEN

cette dent s'appelle la canine

SANGSUE GÉANTE D'AMAZONIE
(elle mesure 50 cm de long et aspire ses proies comme des spaghettis)

RAT
(2 traces)

LAMPROIE

SERPENT

REQUIN

PUNAISE DE LIT
(plusieurs piqûres alignées)

CHAMEA

TOI !
(les molaires sont les dents du fond)

DRÔLE DE DERRIÈRE

Voici quelques animaux aux arrière-trains de compétition !

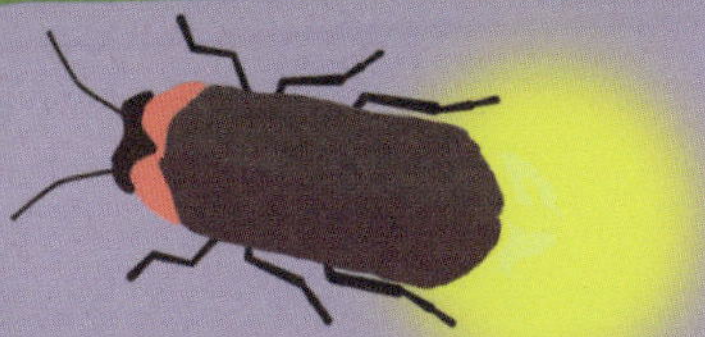

Le postérieur de la luciole est lumineux. La lumière peut être jaune, verte ou rouge. Lorsqu'elles sont en groupe, les lucioles peuvent faire clignoter leurs lumières à l'unisson.

Certains oiseaux protègent leur nid en projetant leurs déjections sur les assaillants.

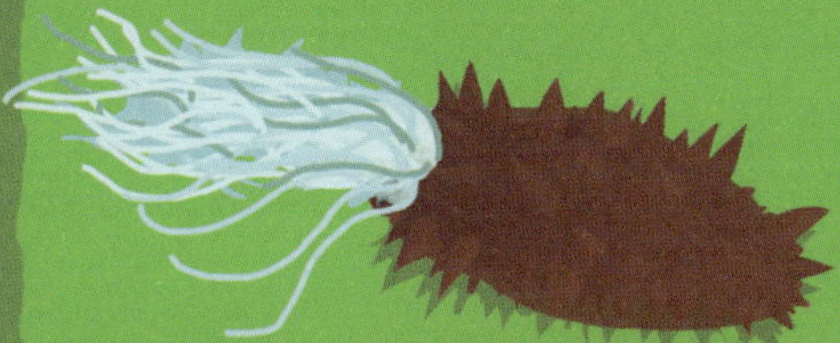

Le concombre de mer se protège des prédateurs en expulsant ses tripes par l'anus. Ces organes reprennent leur place initiale une fois la menace écartée.

Lorsqu'il se sent menacé, le bombardier (un coléoptère) expulse de son derrière un acide brûlant et odorant.

Quand un prédateur attrape la queue d'un serpent de verre, celle-ci se brise en mille petits morceaux qui se mettent à sautiller partout. De quoi distraire l'assaillant et d'en profiter pour se faire la malle.

PEUR PANIQUE

Quels sont ces animaux qui nous font peur ?

SERPENTS

52 % de la population

ARAIGNÉES

42 % de la population

SOURIS

26 % de la population

CHIENS

14 % de la population

PETIT QUIZ

On dénombre 40 000 espèces d'araignées. Sais-tu combien sont réputées dangereuses pour l'homme ?

a) 30
b) 109
c) 803

Suis la flèche pour connaître la réponse…

Certaines personnes souffrent de phobies peu communes.

Niall Horan, un des chanteurs du groupe One Direction, a avoué sa peur panique des pigeons. Une fois, l'un d'eux est rentré par la fenêtre de sa salle de bains et l'a chargé pendant qu'il faisait pipi.

L'acteur Orlando Bloom (Will Turner dans *Pirates des Caraïbes*) éprouve la phobie des cochons !

On dit de la star Tyra Banks qu'elle serait terrifiée par les dauphins.

Walt Disney, le créateur de Mickey Mouse, était connu pour sa phobie des souris !

Certains animaux sont également phobiques. À Bath, au Royaume-Uni, Ci, un chien de berger, est célèbre pour sa phobie des moutons.

Et **TOI**, quels sont les animaux qui te font peur ?

CHAÎNE ALIMENTAIRE

Quelle est, selon toi, la chaîne alimentaire la plus longue ?

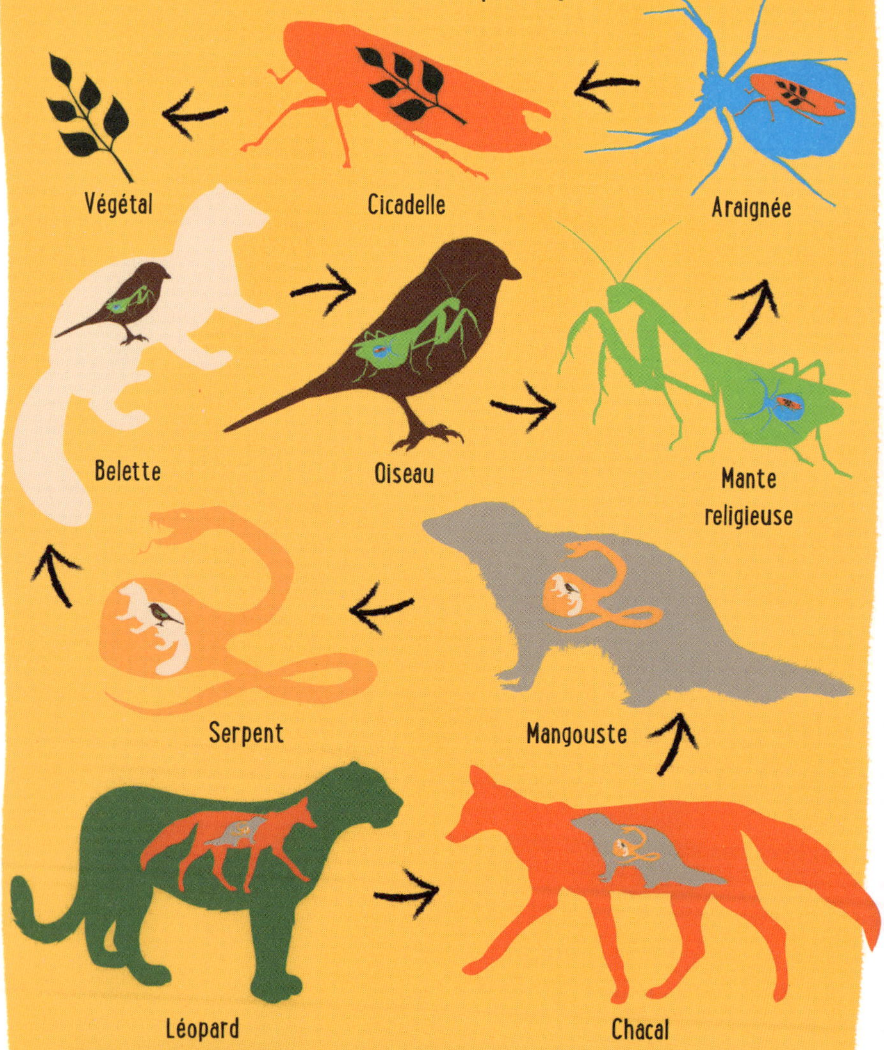

Seules 30 espèces daraignées constituent un danger pour les humains. On ne dénombre pas plus de 100 décès causés par une piqûre daraignée au cours du XXe siècle !

UN GROS BÉBÉ !

La grenouille paradoxale est l'un des rares animaux qui rétrécit en vieillissant.

À l'état de têtard, elle ressemble à ça :

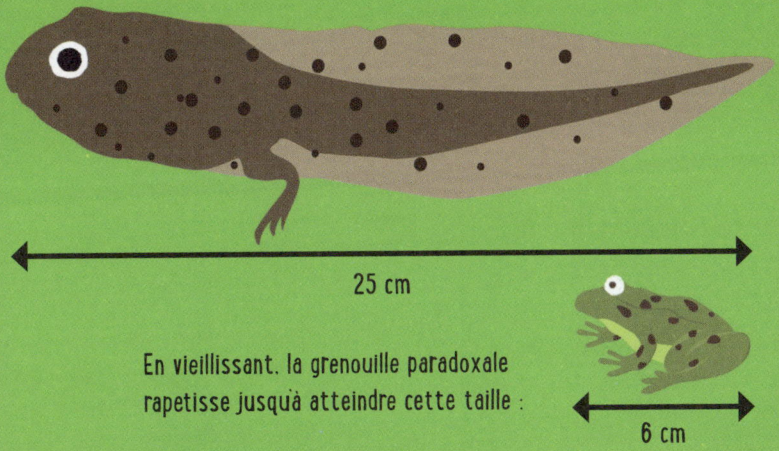

En vieillissant, la grenouille paradoxale rapetisse jusqu'à atteindre cette taille :

C'est comme si les humains mesuraient 7.5 m à la naissance et rétrécissaient jusqu'à l'âge adulte.

SANS SE PRESSER

Combien de temps faudrait-il à ces animaux pour traverser la page ?

Un guépard mettrait
10 millisecondes (0.01 seconde)
pour traverser cette page.
1 SECONDE
2 SECONDES
4 SECONDES
13 SECONDES
90 SECONDES
10 MINUTES

DES RECORDS UN PEU FOUS

Certains s'amusent à battre de curieux records.

En 2009, un couple de Chinois, Li Wenham et Yan Hoagie s'est marié couvert de milliers d'abeilles.

Ils avaient chacun placé une abeille reine dans leur poche et les essaims ont suivi.

En 2009, l'Anglais Ken Edwards a mangé 36 CAFARDS EN 1 MINUTE.

On a placé sur le corps de l'Australien Tom Buchanan 125 araignées néphiles pendant 55 secondes. La piqûre de cette araignée est très puissante mais, par chance, aucune n'a eu l'idée de le piquer.

En 2009, Charlie Bell, un Anglais de Leyton, a déplacé en 1 heure 17 kg d'ASTICOTS... avec sa bouche !

Asticots déplacés par Charlie Bell = 17 kg

Poids moyen d'un enfant de 4 ans = 17 kg

PLUS PETIT OU PLUS GRAND ?

Compare ta taille à celle de ces animaux.

COCHON
80 cm

MANCHOT
EMPEREUR
1.2 m

TAILLE MOYENNE
À 8 ANS
1.3 m

CHIMPANZÉ
1.4 m

PLUS GROS INSECTE
DU MONDE 62 cm

OURS POLAIRE
1.3 m

VAUTOUR FAUVE
1.1 m

HIPPOPOTAME
NAIN 1 m

Entre 6 et 12 ans, un enfant grandit de 6 à 7 cm chaque année.

WALLABY
90 cm

VÉLOCIRAPTOR
1 m

HÉRON GOLIATH
1.5 m

BÉBÉ GIRAFE
1.8 m

TAILLE MOYENNE
À 10 ANS
1.43 m

IMPALA 1.2 m
(+ 92 cm
DE CORNES)

TRAGULE
PYGMÉE
35 cm

MORSE
1.5 m

TUEUR-NÉ

Quelles sont les espèces les plus mortelles ?

En moyenne, 6 personnes par an succombent à l'attaque d'un requin.

Chaque année, les humains tuent en moyenne 100 MILLIONS DE REQUINS.

100 requins sont dessinés sur cette page. Il faudrait 1 MILLION de pages identiques pour représenter toute la population de requins tués en 1 an.

On tue les requins essentiellement pour les préparer en soupe, un plat très apprécié en Asie.

Dans la plupart des cas, on capture le requin puis on lui coupe l'aileron avant de le rejeter à la mer. Il meurt ensuite dans une lente agonie.

Il existe 440 espèces de requins, dont la plupart sont inoffensifs.

Seules 3 espèces sont réputées pour leurs attaques :

Grand requin blanc

Requin-tigre

Requin bouledogue

Certains requins avalent tout et N'IMPORTE QUOI. Pour preuve, voici ce que l'on a retrouvé dans l'estomac de quelques-uns d'entre eux :

une armure

des bois de cerf

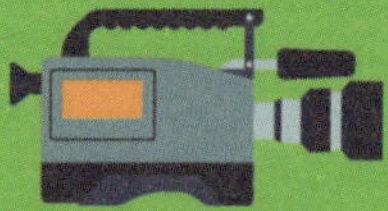

une caméra vidéo

un porc-épic

un boulet de canon

un poulailler rempli de poules en partie digérées.

Voici **5 ANIMAUX** bien plus dangereux que le requin :

5 HIPPO : 500 MORTS PAR AN

Si tu te trouves sur son chemin ou si tu t'approches de sa progéniture, l'hippopotame n'hésitera pas à t'écraser.

4 ESCARGOT : 10 000 MORTS PAR AN

L'escargot d'eau douce vit dans une eau que les humains boivent. Or, ses œufs contiennent un parasite mortel.

3 CHIEN : 25 000 MORTS PAR AN

Lorsqu'un chien atteint de la rage mord une personne, celle-ci contracte à son tour la maladie mortelle.

2 HUMAIN : 475 000 MORTS PAR AN

Les guerres et les accidents sont des causes majeures de la mortalité humaine.

1 MOUSTIQUE : 750 000 MORTS PAR AN

Les moustiques sont porteurs de maladies comme la malaria. Des scientifiques soutiennent que les moustiques ont tué la moitié de la population humaine depuis l'aube de l'espèce.

DES DUELS ÉQUITABLES ?

Certains animaux téméraires aiment défier
des animaux bien plus gros qu'eux.
Ce n'est pas toujours une bonne idée !

La belette peut s'attaquer à des animaux **5 FOIS PLUS GROS QU'ELLE.**

Avec ses dents aiguisées, elle tue ses victimes en les attrapant par le cou.

Un ours polaire peut s'attaquer à des animaux **6 FOIS PLUS GROS QUE LUI.**

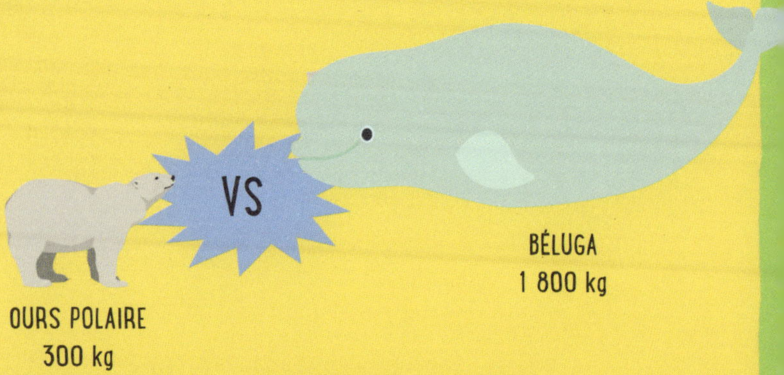

L'ours attend sa victime près des trous creusés dans la glace
et l'attrape lorsqu'elle sort de l'eau pour respirer.

Un aigle peut tuer un animal **15 FOIS PLUS GROS QUE LUI.**

AIGLE ROYAL
4 kg

JEUNE RENNE
60 kg

De manière très exceptionnelle, il arrive que des aigles s'en prennent aux ENFANTS. En 1932, une petite Norvégienne de 3 ans a été attrapée par un aigle qui l'a déposée dans son nid (qu'on appelle une aire) à 1,6 km de là. La petite s'en est sortie saine et sauve.

Un ratel peut se battre avec des animaux **18 FOIS PLUS GROS QUE LUI.**

RATEL 12 kg

LION 150 kg

Le ratel est un animal féroce et téméraire. Il est réputé pour se battre contre des lions et leur voler leurs proies.

C'est peut-être le glouton le plus impressionnant de tous. Il est capable de tuer des animaux jusqu'à 30 FOIS PLUS GROS QUE LUI.

Avec sa puissante mâchoire et ses griffes acérées, il peut également tuer un ours polaire.

Le cas le plus étrange est celui d'une araignée.

En 1919, un témoin affirme avoir vu une araignée tirant une poule morte sur 16 m.
Une poule est 52 FOIS PLUS GROSSE QU'UNE ARAIGNÉE.

DROIT AU BUT !

Certains animaux ont une drôle de manière de se mouvoir.

CRABE  DE CÔTÉ

MOCHOKIDÉ POISSON-CHAT  LA TÊTE À L'ENVERS

COLIBRI  EN ARRIÈRE (souvent)

CROTALE CORNU  DE CÔTÉ

PAPILLON DE MER  À L'ENVERS

GAZELLE  EN ZIGZAG (lorsqu'elle s'enfuit)

BASILIC OU LÉZARD JÉSUS-CHRIST  EN COURANT SUR L'EAU

Le lézard Jésus-Christ possède des membranes sur les pattes qui l'empêchent de couler.

Six animaux se cachent
dans cette page...

Tourne cette page
pour savoir où
ils sont dissimulés.

Grâce à leur fourrure ou leur plumage blanc, ces animaux sont presque invisibles dans la neige.

LIÈVRE ARCTIQUE

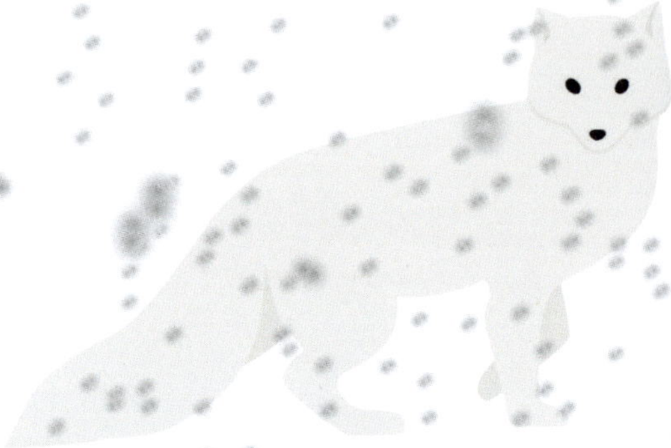

RENARD POLAIRE

HARFANG DES NEIGES

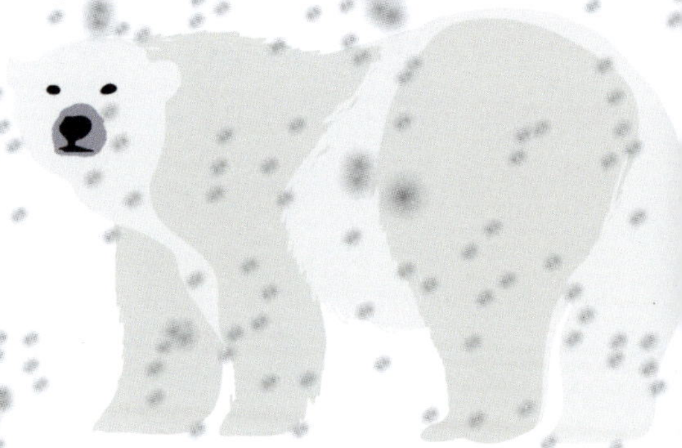

OURS POLAIRE

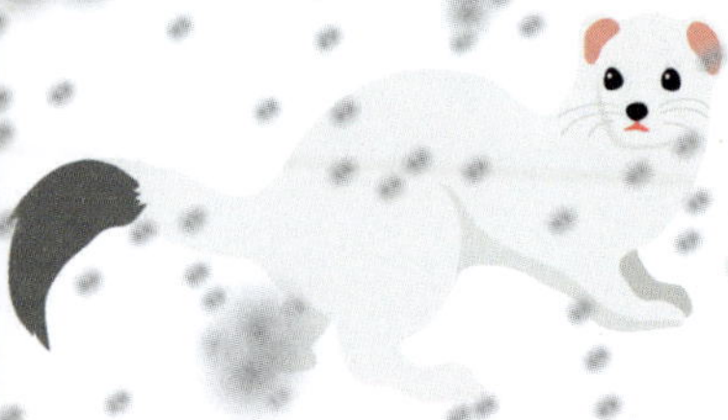

HERMINE ARCTIQUE

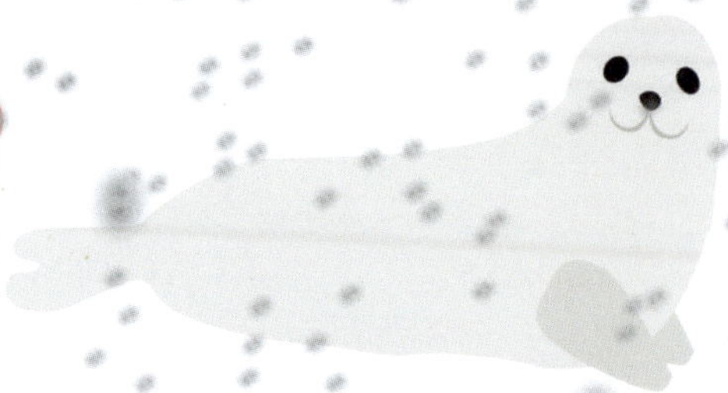

BÉBÉ PHOQUE

Tous ces merveilleux animaux sont en GRAND danger.

La surface du pôle Nord est 2 FOIS PLUS PETITE qu'elle ne l'était. Le réchauffement climatique est à l'origine de ce phénomène.

Les ours et les renards polaires vivent et chassent sur la glace. Sans pôle Nord, ces animaux disparaîtraient.

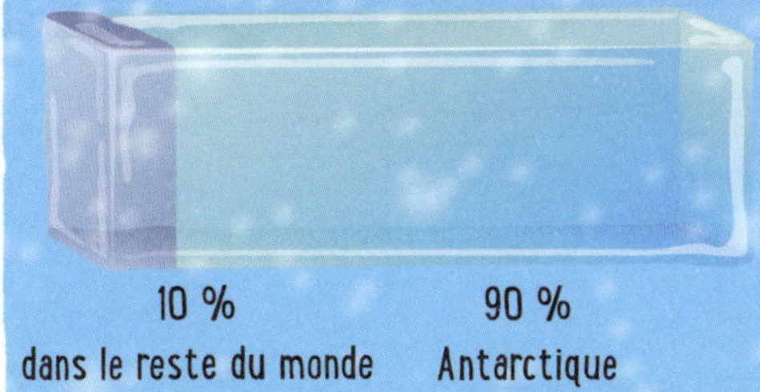

90 % de toute la glace que l'on trouve sur la planète se situe au pôle Sud.

Si toute la glace du pôle Sud se mettait à fondre, le niveau des océans augmenterait de 60 m.

Tu veux t'engager dans la défense des animaux ? Rends-toi sur www.wwf.fr ou sur www.greenpeace.fr pour en savoir plus sur les animaux et le changement climatique.

Quatre animaux se cachent
dans cette page...

Tourne cette page
pour savoir où
ils sont dissimulés...

Les animaux nocturnes peuvent se déplacer, chasser et manger dans le NOIR COMPLET.

La chouette effraie peut chasser dans l'obscurité totale. Elle peut entendre le battement cardiaque d'une souris à une distance de 3 m.

La chauve-souris vampire aime chasser les nuits sans lune. Sa « vision » nocturne est conçue sur un système d'écholocalisation pour se repérer : elle envoie des ondes sonores qui lui reviennent une fois entrées en contact avec quelque chose.

Le colugo peut planer sur 130 m dans le noir complet...

... en évitant tous les obstacles !

La phalène utilise son odorat pour survivre la nuit. Chez les bombyx du mûrier, le mâle peut détecter UNE MOLÉCULE du parfum de la femelle à 3 km de distance.

Et si nous devenions nous aussi des êtres nocturnes. Comment nos corps s'adapteraient-ils ?

Les yeux du tarsier sont énormes (1.6 cm de diamètre) pour l'aider à voir la nuit.

Si tes yeux étaient comme ceux du tarsier, ils mesureraient 24 cm de diamètre.

C'est la taille d'un ballon de basket-ball.

Les pattes d'une chauve-souris se sont adaptées pour lui permettre de voler la nuit et d'attraper des insectes.

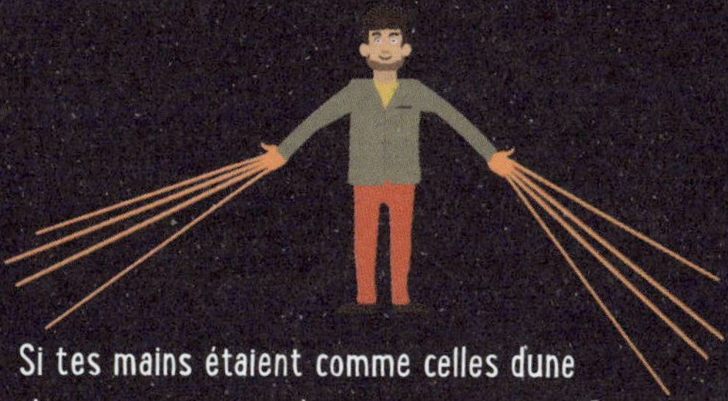

Si tes mains étaient comme celles d'une chauve-souris, tes doigts mesureraient 2 m de long et seraient fins comme des baguettes.

Les oreilles d'un otocyon mesurent 13 cm pour un corps de 56 cm. Ses oreilles l'aident à chasser dans l'obscurité totale.

C'est comme si les humains avaient des oreilles de 40 cm. Ce serait bizarre, non ?

Les geckos peuvent marcher la tête à l'envers grâce à des poils sur leurs pattes qui fonctionnent comme des aimants.

LES ROIS DE LA GRIMPETTE

Quels sont les animaux les plus doués pour défier les lois de la gravité ?

La chèvre des montagnes peut gravir des murs et des falaises pratiquement verticaux.

Le léopard des neiges dévale des pentes verticales en utilisant ses griffes pour ne pas glisser et sa queue pour s'équilibrer.

Non seulement l'écureuil peut grimper à la verticale mais il peut aussi chuter de la cime de grands arbres et atterrir sans une égratignure.

LES MEILLEURS PLANEURS

Certains animaux ne savent pas voler mais ils peuvent planer. Qui peut donc ainsi flotter dans les airs ?

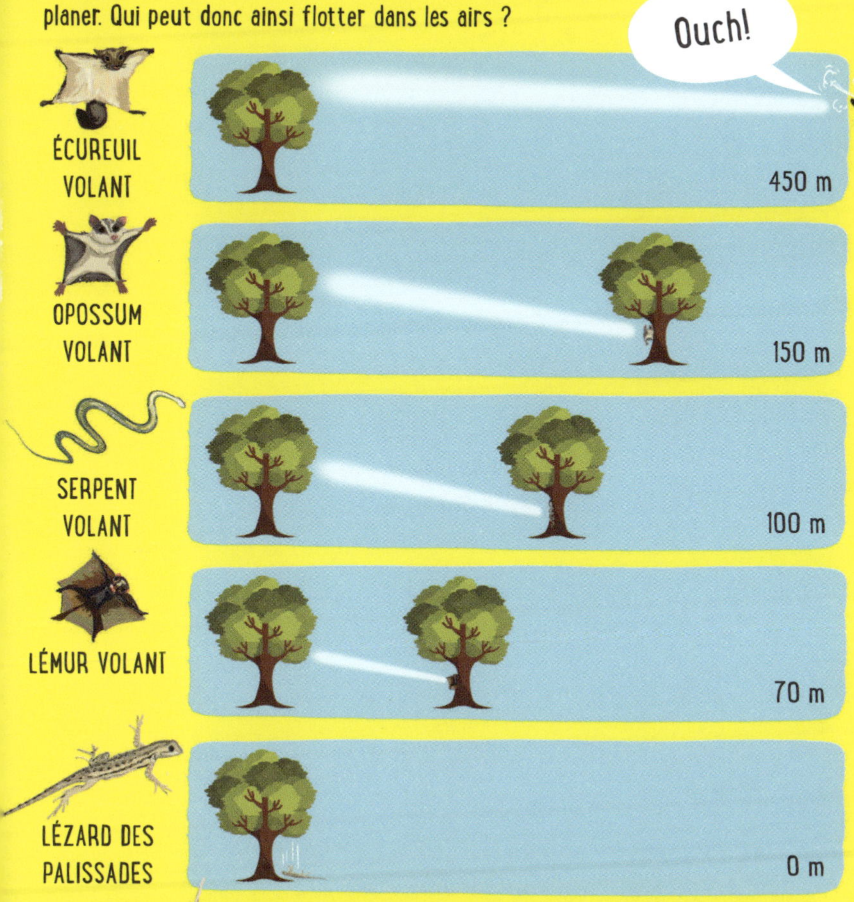

UN PRO DE LA CHUTE LIBRE !

À défaut de bien grimper, le lézard des palissades maîtrise particulièrement la chute. Des scientifiques californiens ont en effet estimé un total de 12 000 chutes par hectare de forêt chaque année. Les lézards tombent en essayant d'attraper une proie ou d'échapper à un prédateur.

UN TEMPS DE CHIEN

On peut parfois s'attendre à de drôles de choses qui tombent du ciel.

En 2009, il a plu des grenouilles au Japon.

En 2013, des araignées sont tombées du ciel dans une ville brésilienne.

En 1894, à Bath, au Royaume-Uni, il a plu des méduses.

LE VENT EN CAUSE

La plupart des scientifiques pensent que des vents violents ou des tornades « aspirent » les animaux hors de leur milieu naturel et les propulsent à plusieurs centaines de km de là.

En 2007 à Jennings (États-Unis), il a plu des vers de terre.

En 2010, des milliers de poissons sont tombés du ciel dans l'arrière-pays australien.

En 1878, une pluie de viande crue s'est abattue sur une petite ville du Kentucky aux États-Unis.

TOUT OU RIEN ?

Tu es du genre difficile ou bien plutôt à manger tout et nimporte quoi ? Certains animaux ont des goûts bien spécifiques.

QUEST-CE QUE MANGENT CES ANIMAUX ?

	herbe	fruits	insectes	poissons	oiseaux	rongeurs	chauves-souris	reptiles	Et quoi encore ?
RENARD	✓	✓	✓	✓	✓	✓	✓	✓	Tout ce quil trouve dans les poubelles.
OURS	✓	✓	✓	✓	✓	✓	✓	✓	MIEL – et tout ce quil trouve dans la ruche, y compris les abeilles.
COYOTE	✓	✓	✓	✓	✓	✓	✓	✓	Des veaux, des agneaux et des carcasses danimaux.
GRENOUILLE TAUREAU	✗	✗	✓	✓	✓	✓	✓	✓	La grenouille taureau est cannibale, elle mange dautres grenouilles de son espèce.

CASTOR	✗	✗	✗	✗	✗	✗	✗	✗	Du bois et rien que du bois.
KOALA	✗	✗	✗	✗	✗	✗	✗	✗	Des feuilles d'eucalyptus à longueur de journée.
PANDA	✗	✗	✗	✗	✗	✗	✗	✗	Du bambou pour 99 % de son alimentation.
LIALIS BURTONIS	✗	✗	✗	✗	✗	✗	✗	✗	Des scorpions à tous les repas.
STACEY IRVINE	✗	✗	✗	✗	✗	✗	✗	✗	Uniquement des nuggets de poulet.

Entre 2 et 17 ans. Stacey Irvine s'est nourrie exclusivement de nuggets de poulet et parfois de frites. Les médecins lui ont recommandé de changer de régime alimentaire sans quoi elle risquait de mourir.

DES DIFFÉRENCES DE TAILLE

Chez l'humain, le mâle a tendance à être légèrement plus gros que la femelle. Ce n'est pas forcément le cas chez les animaux.

CERATIAS HOLBOELLI

Femelle
120 cm

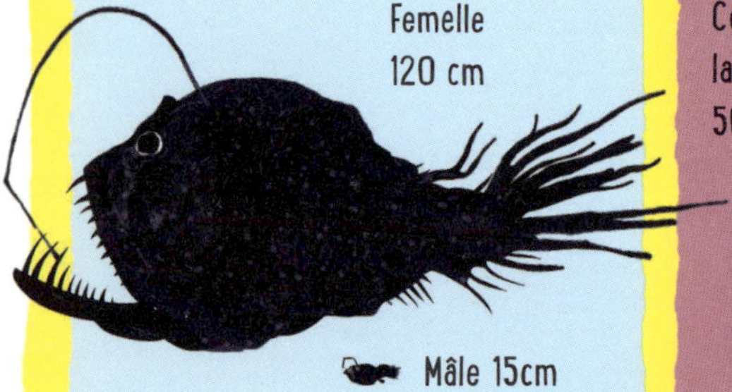

Mâle 15cm

La femelle est 8 fois plus grosse

Taille moyenne d'un homme 1,8 m

Taille moyenne d'une maison 7 m

C'est comme si la femme d'un homme de taille moyenne mesurait 14 m.

NEPHILA

Corps de la femelle 50 mm

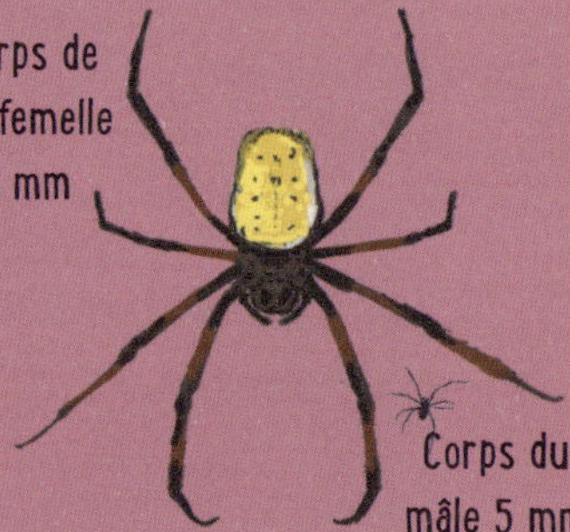

Corps du mâle 5 mm

La femelle est 10 fois plus grosse

Le même homme !

Brachiosaure (plus gros dinosaure) 16 m

C'est comme si la femme d'un homme de taille moyenne mesurait 18 m.

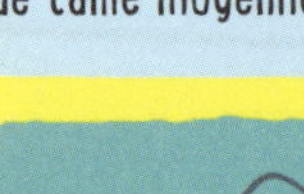

UNIS POUR LA VIE

Après s'être accouplé, le lophiiforme mâle FUSIONNE avec sa femelle. Ils ne font alors plus qu'un.

MINI-MÂLE

Dans tout le règne animal, la femelle est souvent plus grosse que le mâle. Seuls les mammifères (comme nous) et les oiseaux font exception. Chez les reptiles, les amphibiens, les insectes et les araignées, la femelle est la plus imposante !

BONELLIE VERTE

La femelle est 50 fois plus grosse

C'est comme si la femme d'un homme de taille moyenne mesurait 90 m.

TREMOCTOPUS

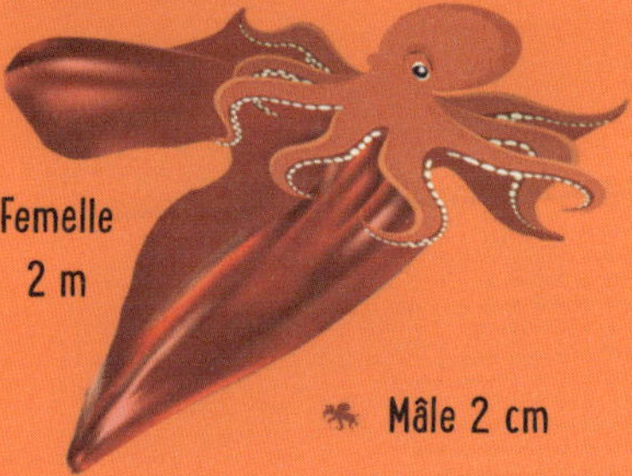

La femelle est 100 fois plus grosse

C'est comme si la femme d'un homme de taille moyenne mesurait 180 m.

UN DÎNER AUX CHANDELLES ?

Les araignées femelles mangent parfois les mâles parce qu'ils sont lents, petits et plus faciles à attraper que les mouches.

ÇA CASSE LES OREILLES !

La crevette pistolet est certainement l'animal le plus bruyant du monde.

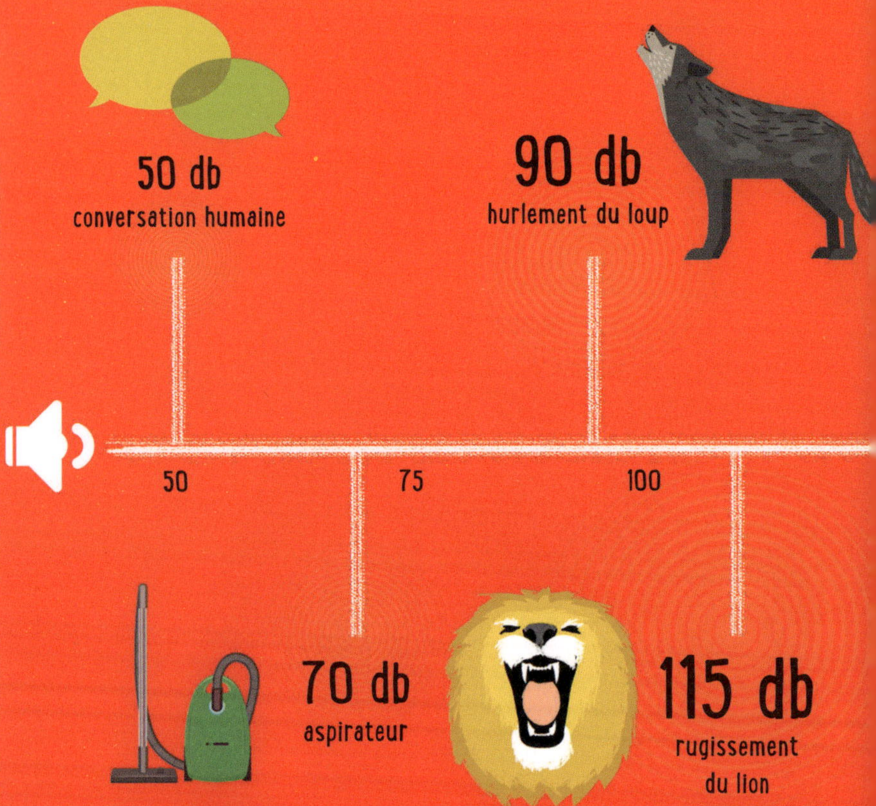

Le miaulement de Bluey, un chat vivant à Cambridge (Royaume-Uni) est donné pour être le plus puissant de son espèce. Il a été mesuré à 93 décibels, l'équivalent du bruit d'une tondeuse.

Le chant de la baleine bleue est si fort qu'il peut s'entendre à 800 km à la ronde.

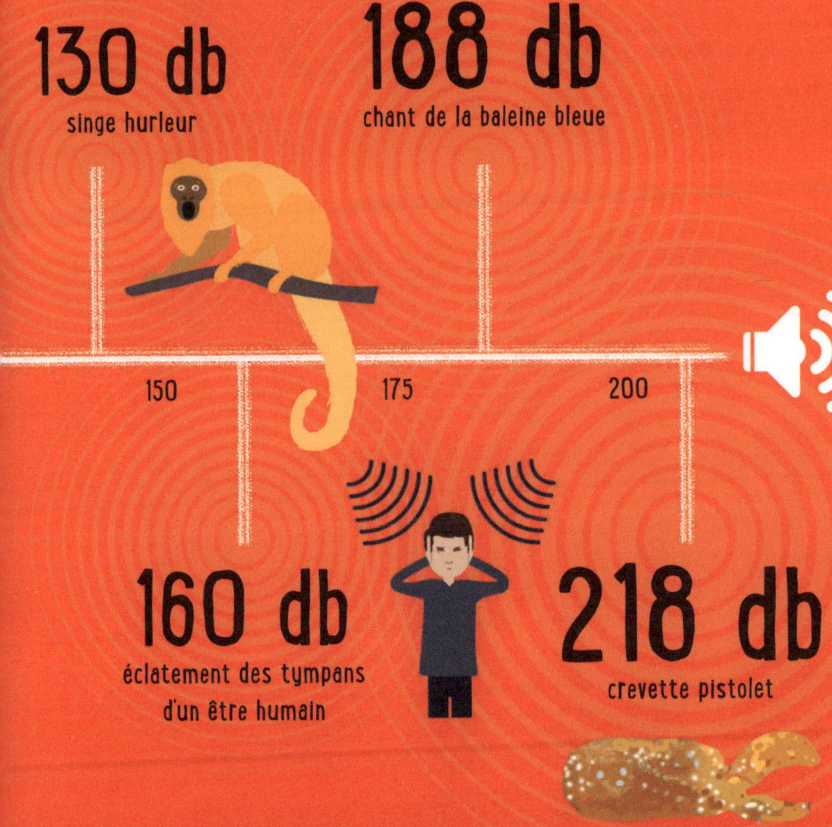

Le claquement de la pince d'une crevette pistolet est si puissant que la bulle d'eau qu'il génère atteint une température plus élevée que celle que l'on rencontre à la surface du soleil. Toute proie est alors TUÉE instantanément par l'onde de choc.

C'ÉTAIT QUOI CE BRUIT ?

Le règne animal produit parfois des sons bien curieux.

BANG !

En 2005, en Floride, un python a essayé d'avaler un alligator de 2 m… Il a explosé !

BLAM !

C'est le bruit que produit un groupe de fourmis charpentières. Lorsque la reine et la colonie sont menacées, la fourmi charpentière presse les muscles de son estomac et SE FAIT EXPLOSER.

PING !

C'est le bruit produit par une balle qui a rebondi sur la carapace d'un tatou.

BEURP !

Les singes colobes émettent un gros rot en guise de bonjour.

C'est le bruit qu'émet un crapaud cornu lorsqu'il se défend et fait gicler des jets de sang depuis le coin de ses yeux. Il peut ainsi se vider du TIERS de son sang.

SPLAT!

AU SECOURS!

Les perroquets peuvent apprendre jusqu'à 800 mots.
« Au secours ! On m'a transformé en perroquet ! » est l'une des phrases qu'on s'amuse généralement à leur apprendre.

LA MAISON DES OISEAUX

Certains oiseaux construisent leurs nids dans les règles de l'art… d'autres sont plus créatifs !

On a trouvé des corbeaux au Japon qui construisaient leur nid avec des cintres.

Aux États-Unis, on a trouvé un nid de cigognes qui contenait 17 bas noirs et 3 vieilles chaussures.

Julie Boaler a retrouvé son alliance dans le nid d'une pie 3 ans après que l'oiseau la lui a volée dans sa chambre.

UN NID BIEN BÂTI

Le nid du martinet est fabriqué à partir de sa salive et donc entièrement comestible ! Celui-ci bave, bave et bave encore, jusqu'à ce que la profondeur du nid atteigne 1,5 cm. Le martinet le laisse sécher puis s'y installe.

On a trouvé des gants, des poupées et des petites voitures dans des nids de milans royaux.

L'un d'eux s'est servi de 2 CHATONS MORTS pour concevoir son nid.

Un moucherolle des Galapagos a été vu arrachant des cheveux sur la tête de touristes pour construire son nid.

TOILES DU MONDE ENTIER

La toile d'une araignée dépend de son espèce.
Il en existe donc un grand nombre.

ÉPEIRE DIADÈME

Une toile classique, parfaite pour attraper les insectes volants.

ARAIGNÉE À TOILE-ENTONNOIR

Un entonnoir profond au fond duquel patiente une araignée affamée.

HAHNIIDAE

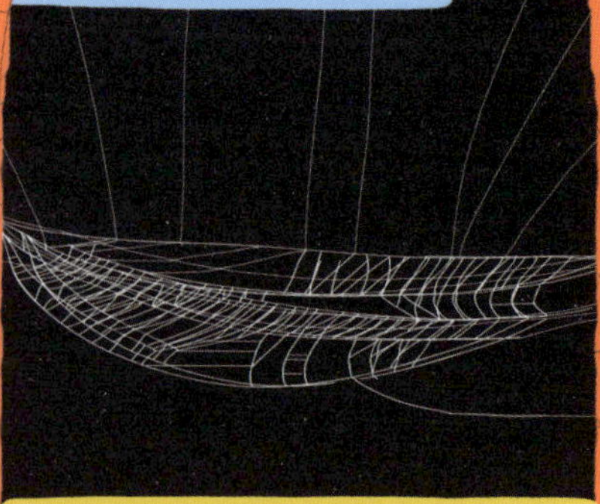

En forme de hamac. Les insectes heurtent les fils supérieurs et tombent sur un « lit » de fils collants.

TOILE VOLANTE

Certaines araignées lancent leur toile dans les airs pour attraper leurs proies à distance.

VRAI OU FAUX ? Toutes les araignées tissent des toiles

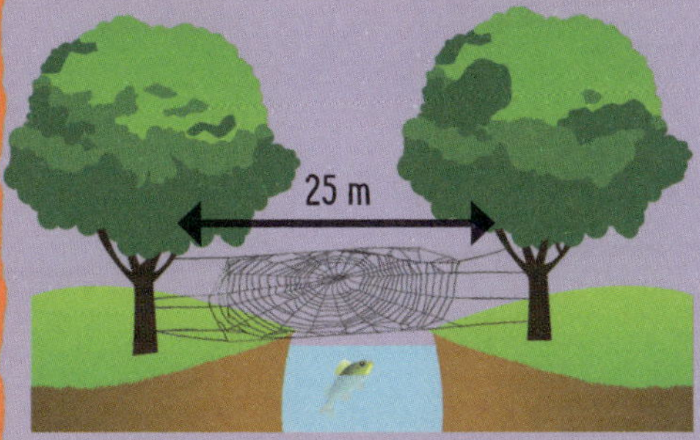

LES PLUS GRANDES TOILES

La superficie d'une toile de caerostris darwini peut atteindre 25 m de large et traverser le lit d'une rivière. C'est fou quand on pense que l'araignée qui les conçoit ne mesure que 2 cm !

ILLUSION D'OPTIQUE

L'araignée cyclosa collecte des feuilles, des brindilles et des insectes morts qu'elle dispose sur sa toile. Elle y dessine ainsi une sorte d'autoportrait en plus grand, histoire d'éloigner les prédateurs.

UN FILET SURPUISSANT

La soie de l'araignée est l'un des matériaux les plus résistants au monde, plus encore que l'acier. Une toile d'araignée faite de fils du diamètre de tes doigts serait capable de stopper un avion de ligne en vol.

AU GRÉ DU VENT

On a trouvé du fil de toile d'araignée flottant dans le ciel à 5 km d'altitude. Ce sont probablement des toiles abandonnées qui ont été emportées par le vent.

ÇA SE MANGE VRAIMENT ?

Les humains mangent des animaux depuis la nuit des temps.
Mais toi, que dirais-tu d'essayer l'un de ces menus ?

AU VOYAGEUR GOURMAND

MENU

ENTRÉES

COCHON D'INDE GRILLÉ

Plat traditionnel du Pérou. Chaque année, 65 millions de cochons d'Inde sont ainsi mangés.

REQUIN POURRI

Plat islandais. La chair du requin est enfouie dans le sol pendant des mois avant d'être séchée.

SCORPIONS EN FRITURE

Un mets très fin en Thaïlande. Croustillant en surface mais moelleux à l'intérieur.

FAUX ! Environ la moitié des espèces d'araignées chassent et ne construisent pas de toiles.

Depuis 40 ans, le Chinois Jiang Musheng se nourrit de souris, de grenouilles et de rats vivants. Il peut manger jusqu'à 20 souris vivantes par jour !

PLATS

CŒUR D'UN COBRA VIVANT

Une spécialité vietnamienne. Le serpent est coupé en tranches et le cœur est extrait aussitôt pour être mangé tandis qu'il bat encore.

ÉTOILE DE MER SÈCHE

Très populaire en Chine. On casse les pattes de l'étoile pour aspirer la mousse verte qu'elles contiennent.

DESSERT

FROMAGE POURRI

Le cazu marzu, un fromage fabriqué en Sardaigne, est infesté de larves vivantes. Certains les retirent, d'autres les mangent.

COOKIES DE GUÊPES

Une création japonaise. Un grand cookie agrémenté de guêpes... mortes heureusement !

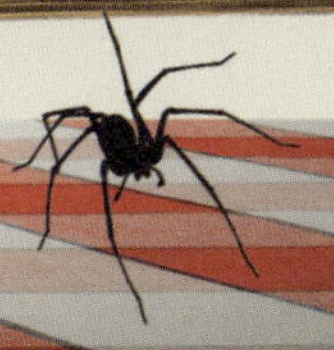

CHASSEUR DE TÊTES

De nombreux animaux sont des prédateurs.
Parmi eux, quel est le meilleur chasseur ?

TIGRE DU BENGALE

Seules 5 % des chasses s'achèvent par la capture de la proie.

LYCAON

Il attrape ses proies
dans environ 20 % des cas.

REQUIN
GRAND BLANC

Il attrape ses proies
une fois sur deux.

GUÉPARD

Lui aussi attrape ses proies
dans 50 % des cas.

LIBELLULE

Ses proies ne s'échappent presque JAMAIS.
95 % des chasses conduisent à une capture.

POURQUOI ?

La libellule est une experte de la chasse. Elle peut voler en avant, en arrière, sur les côtés, la tête à l'envers. Son cerveau est extraordinaire. Il lui permet d'anticiper la direction que va prendre sa proie.

C'EST PARFOIS TROMPEUR

Dans le monde des animaux, il ne faut pas se fier aux apparences.

On prête à l'orque le surnom de baleine tueuse. Et pourtant !

Le rhino noir n'est pas noir, pas plus que le rhino blanc n'est blanc !

Contrairement aux apparences, le koala est un marsupial et pas un petit ours.

Un lémur volant n'est pas un lémurien et il ne sait pas voler.

PLUS... Un chien de prairie n'a rien d'un chien. C'est une marmotte !

La mygale de Leblond est parfois surnommée la « mangeuse doiseaux ».

L'aigle chauve est pourtant loin dêtre dégarni !

Le binturong appartient aux carnivores même s'il ne mange que des fruits !

L'étoile de mer et la méduse ne sont pas des poissons.

Au repos, les ailes de certains insectes volants sont bien cachées.

Les anglophones appellent cette salamandre un chiot de boue !

LE TOP DES CHIENS

Quelles sont les races les plus populaires au monde* ?

Et pourtant les plus populaires ne sont pas les chiens de race. En effet, 53 % de nos chiens sont des bâtards, un mélange de plusieurs races.

*(Fédération cynologique internationale – population canine en 2013).

LES NOMS PRÉFÉRÉS

ROYAUME-UNI

Mâles

Charlie

Alfie

Oscar

Femelles

Bella

Poppy

Molly

ÉTATS-UNIS

Mâles

Buddy

Max

Jake

Femelles

Molly

Daisy

Maggie

LE PLUS GRAND ET LE PLUS PETIT

Zeus
Plus grand chien du monde

112 cm
(au
garrot)

Milly
Plus petit
chien
du monde

9.7 cm

FOLLEMENT CHATS

On a beau les aimer, les chats nous intriguent souvent.
Que peuvent-ils bien faire de leur journée ?

RIEN
(ils passent leur temps assis ou endormis)

86 %

ILS SE PROMÈNENT

10 %

AUTRES ACTIVITÉS*

4 %

*chasser, manger, jouer, creuser, faire ses besoins, se battre avec dautres chats, faire des bébés

Le panda roux n'est pas un panda, et le blaireau à miel n'est pas

BOUCLIER FÉLIN

En Égypte ancienne, on considérait le chat comme un animal sacré.

On raconte que l'armée perse aurait emmené des chats lors d'une bataille, sachant pertinemment que les Égyptiens ne les attaqueraient pas de peur de blesser un petit félidé.

NEUF VIES ?

En 2012, une chatte prénommée Tabitha a survécu 1 h 45 dans une machine à laver en marche.

(Elle a eu beaucoup de chance de s'en sortir. La plupart des chats seraient morts. N'essaie donc surtout pas !)

GRANDE FORTUNE

Lorsque Maria Assunta est décédée en 2011, elle a légué 13 millions de dollars à son chat Tommaso.

13 MILLION DE $ = 20 MILLIONS DE BOÎTES POUR CHAT

un blaireau et il n'aime pas le miel (il préfère la cire d'abeille).

C'EST LOIN LES URGENCES ?

Lorsque l'on est attaqué par un animal venimeux, de combien de temps dispose-t-on avant de mourir ?

MOINS DE 5 MINUTES

MÉDUSE-BOÎTE
Ses tentacules longs de 3 m contiennent le poison le plus violent du monde. Il peut te tuer en quelques petites MINUTES.

DENDROBATIDAE
Avaler une goutte du poison de cette grenouille conduit à une mort inéluctable. Aucun antidote n'existe.

ENVIRON 30 MINUTES

PIEUVRE À ANNEAUX BLEUS
De la taille d'une main, cette pieuvre contient suffisamment de venin pour tuer 26 personnes.

COBRA ROYAL
Un cobra royal peut te tuer en moins d'une demi-heure grâce à son venin, plus puissant que chez n'importe quel autre serpent.

VRAI OU FAUX ?

Si, par accident, un serpent se mord lui-même, peut-il en mourir ?

ENTRE 30 MINUTES ET 2 HEURES

TAÏPAN DU DÉSERT

Sans injection d'un antidote, la mort est assurée en 45 minutes.

PHONEUTRIA

La victime commence par gonfler avant de se paralyser. Deux heures plus tard, elle meurt par asphyxie. Sympa !

ENVIRON 6 HEURES

POISSON-PIERRE

Si tu marches sur ce poisson et qu'une de ses épines se plante dans ton pied, tu as 6 heures devant toi pour te rendre à l'hôpital.

SCORPION NOIR À QUEUE LARGE

La piqûre de ce scorpion est aussi dangereuse que douloureuse. Si la victime est soignée dans un délai maximum de 6 heures, elle a des chances de s'en sortir.

GROSSES BESTIOLES

Certains animaux étaient beaucoup plus gros dans le passé.

il était
2 FOIS
PLUS GROS

HUMAIN
1.8 m

KANGOUROU ROUX
AUJOURD'HUI 1.5 m

KANGOUROU GÉANT
3 m

Le kangourou géant s'est éteint il y a 50 000 ans.

il était
3 FOIS
PLUS
GROS

CASTOR
85 cm DE LONG

CASTOR GÉANT
2.5 m

Le castor géant s'est éteint il y a 10 000 ans.

FAUX ! Les serpents sont immunisés contre leur propre venin.

HUMAIN
1.8 m

PARESSEUX MODERNE
60 cm DE LONG

PARESSEUX GÉANT
6 m DE LONG, 2.5 m DE HAUT

il était
10 FOIS PLUS GROS

Le paresseux géant (mégathérium) s'est éteint il y a 11000 ans.

ENVERGURE MOYENNE D'UNE LIBELLULE
5 cm

LIBELLULE GÉANTE
75 cm D'ENVERGURE

elle était
15 FOIS PLUS GROSSE

La libellule géante s'est éteinte il y a 300 millions d'années.

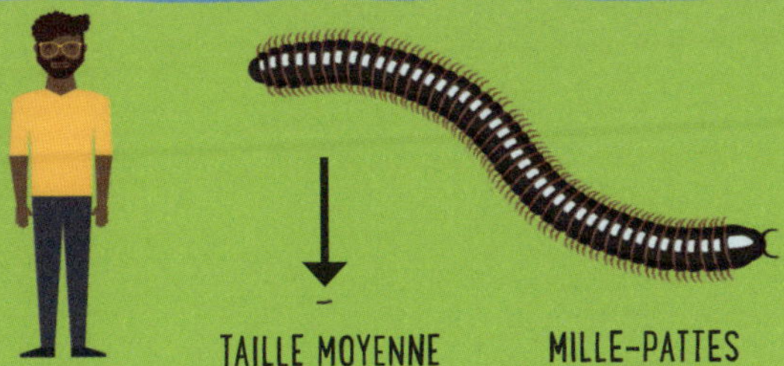

HUMAIN
1.8 m

TAILLE MOYENNE D'UN MILLE-PATTES
20 mm

MILLE-PATTES GÉANT
2.3 m

il était
100 FOIS PLUS GROS

Le mille-pattes géant s'est éteint il y a 300 millions d'années.

C'EST LA VIE !

Combien de temps vivent ces animaux ?

La mite mâle acarophenax vit moins de UNE JOURNÉE. Elle éclôt dans l'abdomen de sa mère, se reproduit avec des femelles et meurt AVANT MÊME D'AVOIR VU LE JOUR !

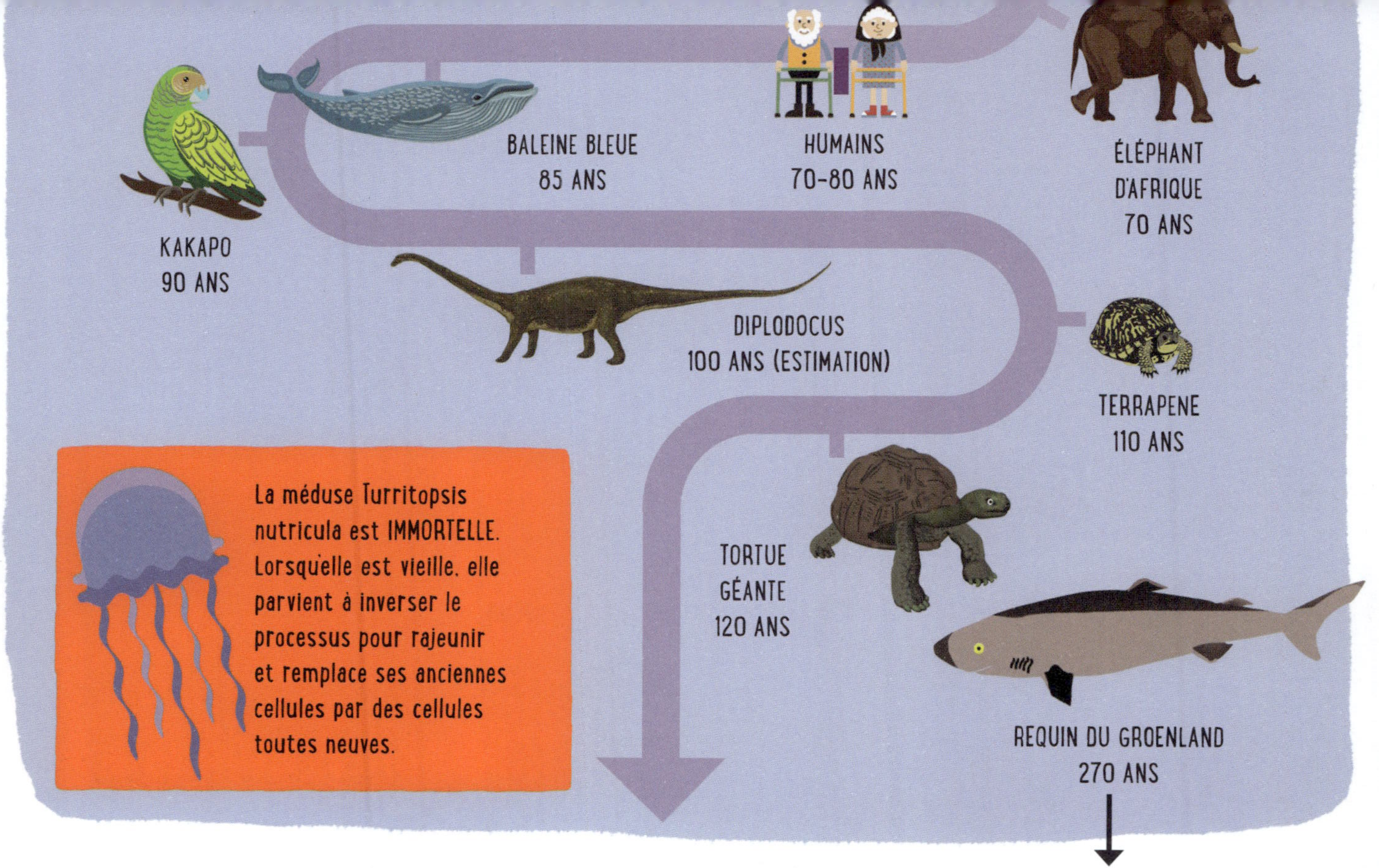

La méduse Turritopsis nutricula est IMMORTELLE. Lorsqu'elle est vieille, elle parvient à inverser le processus pour rajeunir et remplace ses anciennes cellules par des cellules toutes neuves.

SOUS LES ÉTOILES

Et toi, as-tu des amis du même signe astrologique que toi ?

OURS POLAIRE

Les ours polaires sont presque TOUS Sagittaire (nés en novembre et en décembre).

On dit des Sagittaire qu'ils sont des voyageurs dans l'âme. Les ours polaires peuvent nager pendant plus de 650 km sans s'arrêter. Si ça ce n'est pas voyager...

Scorpion
23 oct-21 nov
♏

Sagittaire
22 nov-21 déc
♐

Capricorne
22 déc-19 jan
♑

CRABE DE L'ÎLE CHRISTMAS

Les crabes rouges de l'île Christmas naissent tous en même temps (habituellement en octobre et novembre) ET au même endroit (sur l'île Christmas).

Les Scorpion sont donnés pour être féroces et indépendants, caractères qui se prêtent parfaitement à ce gros crabe endémique.

OURS NOIR

Les ours noirs naissent généralement en janvier.

En tant que Capricorne, ils sont têtus et déterminés. Ils peuvent, par exemple, sentir de la nourriture à 40 km DE LÀ et vont traverser routes, rivières et montagnes pour l'obtenir. Ça, c'est de la détermination !

BÉBÉ PHOQUE

Les bébés phoques naissent entre fin février et mi-mars, ce qui fait d'eux des Poisson.

C'est amusant lorsqu'on sait que le poisson est l'aliment de base du bébé phoque : il peut en ingurgiter jusqu'à 9 kg.

MOUTON

La majorité des agneaux naissent au début du printemps sous le signe du Bélier.

On peut difficilement faire mieux quand on sait que le bélier, c'est un mouton mâle.

Verseau
20 jan–18 fév
♒

Poissons
19 fév–20 mars
♓

Bélier
21 mars–19 avril
♈

GNOU

UN DEMI-MILLION de gnous naissent chaque année, début février.

De fait, ils sont tous Verseau. On dit des Verseau qu'ils sont amicaux et sociables, caractères qui s'appliquent bien aux gnous, lorsqu'ils migrent par troupeaux DE 1,5 MILLION DE TÊTES.

LOUP

Les louveteaux naissent fin avril, début mai sous le signe du Taureau.

On dit des Taureau qu'ils sont têtus. Les loups ne dérogent pas à la règle. Quand ils repèrent une proie, ils la traquent nuit et jour, sans jamais abandonner.

RENNE

Les bébés rennes naissent généralement en mai ou en juin, sous le signe des Gémeaux.

Les Gémeaux sont des êtres énergiques et agités. C'est le cas des rennes qui migrent chaque année sur 2 500 km en énormes troupeaux.

Taureau
20 avril-20 mai
♉

Gémeaux
21 mai-20 juin
♊

Cancer
21 juin-22 juillet
♋

CHAUVE-SOURIS

En Europe du Nord, les chauves-souris naissent fin juin, début juillet. C'est le signe du Cancer.

On dit des Cancer qu'ils ont l'esprit de famille. C'est le cas des chauves-souris qui privilégient la vie en groupe. À Bracken Cave au Texas (États-Unis), par exemple, elles sont 20 millions de chauves-souris à vivre ensemble dans les grottes. Il leur faut 2 heures pour toutes en sortir chaque soir afin d'aller chasser.

BALEINE FRANCHE AUSTRALE

Les baleineaux de cette espèce naissent en juillet et août sous le signe du Lion.

Les Lion sont courageux, amicaux et attrapent parfois la grosse tête. Voilà un caractère qui se prête bien à cette baleine dont la tête représente 1/3 de sa longueur. C'est un peu comme si ta tête avait la taille d'un ballon de plage !

PANDA

Les bébés pandas sont généralement du signe de la Vierge.

On dit des Vierge qu'elles sont modestes, intelligentes mais un brin difficiles. Sachant que les pandas passent 16 HEURES PAR JOUR à manger UNIQUEMENT du bambou, pas de doute ils sont difficiles !

Lion
23 juillet-22 août
♌

Vierge
23 août-22 sept
♍

Balance
23 sept-22 oct
♎

Avec quel animal partages-tu ton signe du zodiaque ?

HUMAINS

Septembre et octobre sont les mois de naissance les plus courants en France. Le signe de la Balance est donc le plus fréquent dans la population.

Les personnes nées sous le signe de la Balance sont données pour être gentilles et patientes.

HISTOIRE D'ŒUFS

Il existe des œufs de toutes les formes et de toutes les tailles.

bleu et brillant

ŒUF DE POULE
5.5 cm

ŒUF DE TINAMOU
5 cm

ŒUF DE COBRA DES FORÊTS
6 cm

CULLINAN (plus gros diamant taillé)
5.9 cm

BALLE DE PING-PONG
5 cm

ŒUF DE TORTUE DE MER 5 cm

ŒUF DE COLIBRI NAIN 1 cm

PIÈCE DE 10 ct
1.975 cm

HYPSELOSAURUS (œuf du plus gros dinosaure)
30 cm

RECORD DU PLUS GROS ŒUF DE PÂQUES
8.5 m

Les œufs grandeur nature sont exactement 3 FOIS plus gros que ceux dessinés dans cette page.

ŒUF D'OISEAU-ÉLÉPHANT 30 cm
(cet oiseau haut de 3 m a disparu il y a 300 ans)

ŒUF D'ORNITHORYNQUE
1.8 cm

BALLE
DE TENNIS
6.6 cm

ŒUF DE
CROCODILE
6 cm

Si l'œuf est exposé à la chaleur, le bébé deviendra un mâle. S'il est à l'ombre, ce sera une femelle.

PUCE D'EAU GÉANTE
10 cm DE LONG
(les mâles peuvent transporter jusqu'à 100 œufs sur leur dos)

ŒUF DE REQUIN
BOULEDOGUE 11 cm

ŒUF DE KIWI
12 cm

ŒUF D'AUTRUCHE
18 cm

CIMES ET PROFONDEURS

Qui vit tout en haut ?
Qui vit tout en bas ?

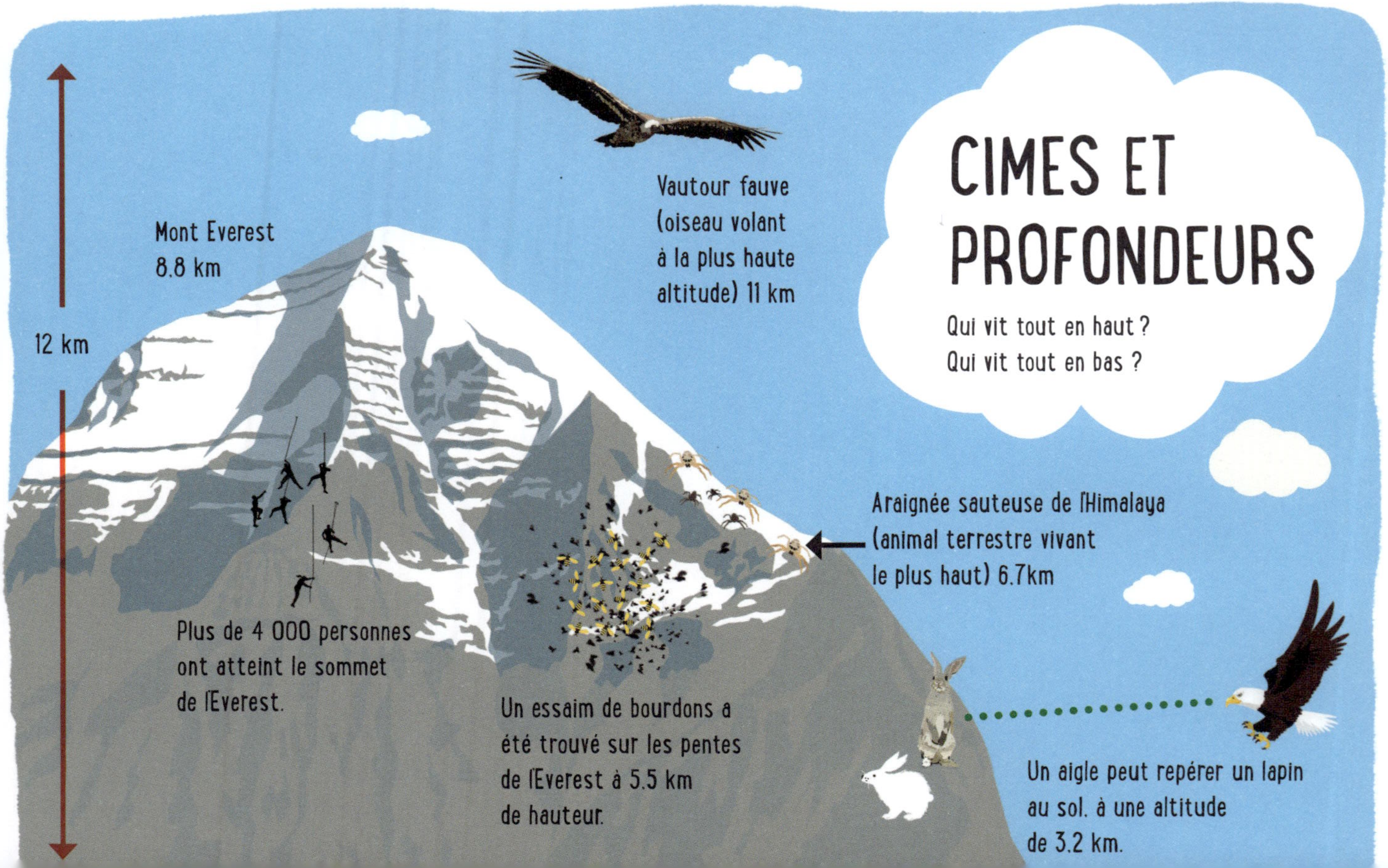

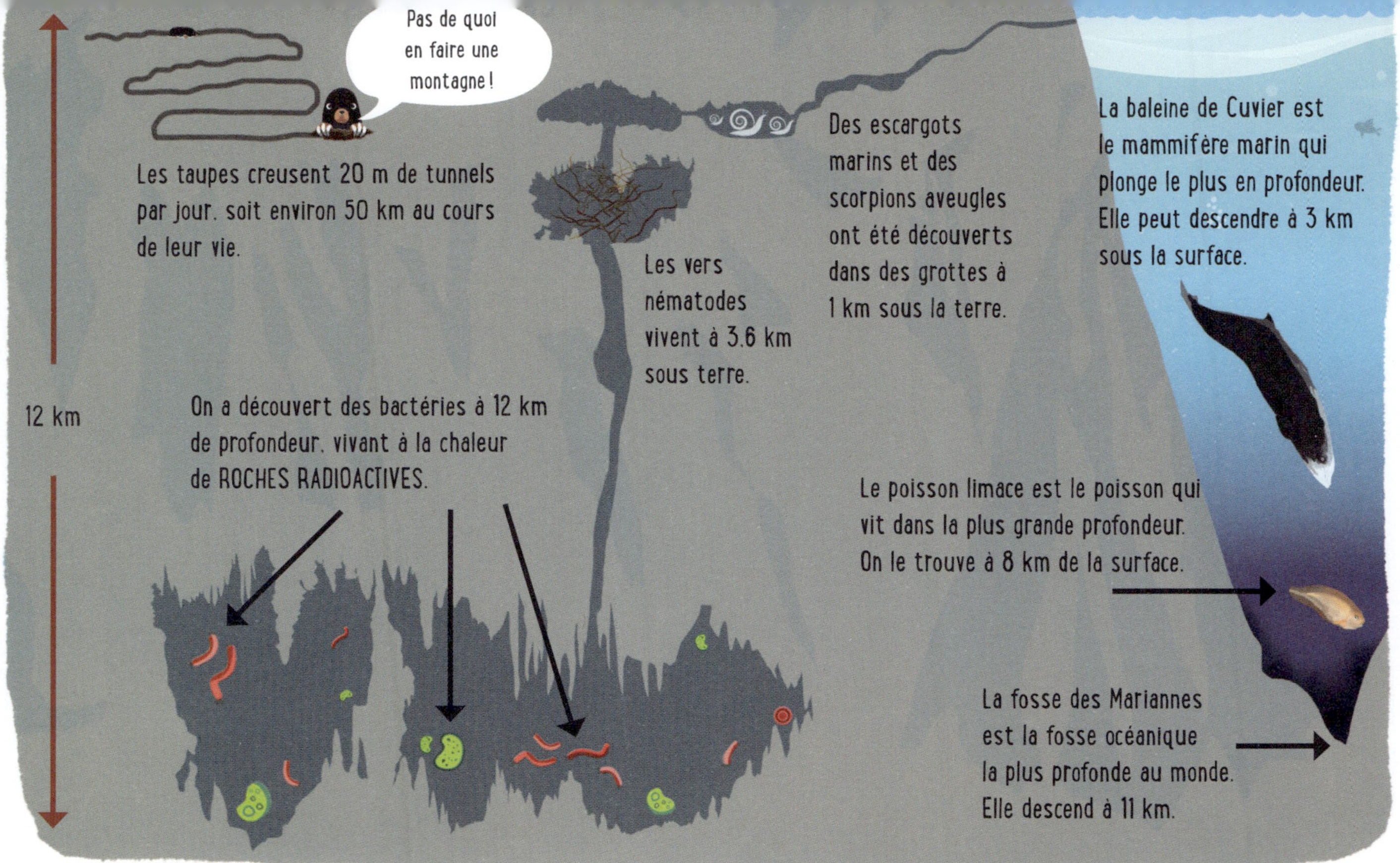

Les taupes creusent 20 m de tunnels par jour, soit environ 50 km au cours de leur vie.

Les vers nématodes vivent à 3,6 km sous terre.

Des escargots marins et des scorpions aveugles ont été découverts dans des grottes à 1 km sous la terre.

La baleine de Cuvier est le mammifère marin qui plonge le plus en profondeur. Elle peut descendre à 3 km sous la surface.

On a découvert des bactéries à 12 km de profondeur, vivant à la chaleur de ROCHES RADIOACTIVES.

Le poisson limace est le poisson qui vit dans la plus grande profondeur. On le trouve à 8 km de la surface.

La fosse des Mariannes est la fosse océanique la plus profonde au monde. Elle descend à 11 km.

CŒUR CONTRE CŒUR

Le rythme cardiaque des animaux varie d'une espèce à l'autre.

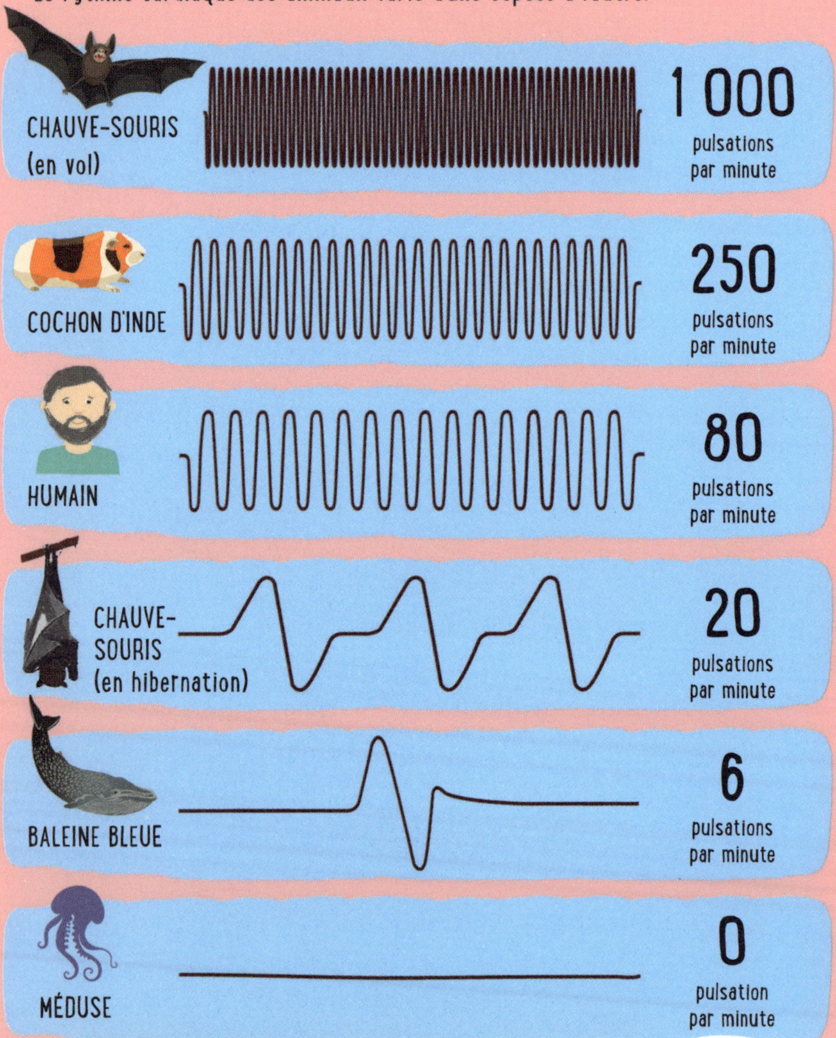

La méduse n'a ni cœur, ni sang, ni poumons, ni os, ni cerveau.

SE FÂCHER ROUGE

Certains animaux utilisent une 'couleur d'urgence' pour effrayer des animaux qui s'approcheraient d'un peu trop près.

Lichénée rouge

Rainette aux yeux rouges

Mante religieuse

Triglidae

Ces animaux sont représentés ici dans leur état normal.
Tourne la page pour les découvrir lorsqu'ils sont EFFRAYÉS.

ÇA CAVALE !

Quelle est la vitesse maximum de ces animaux (en km/h) ?

45  HUMAIN (Usain Bolt, le sprinter le plus rapide)

50  KANGOUROU

90  ANTILOPE

110  VOILIER

120 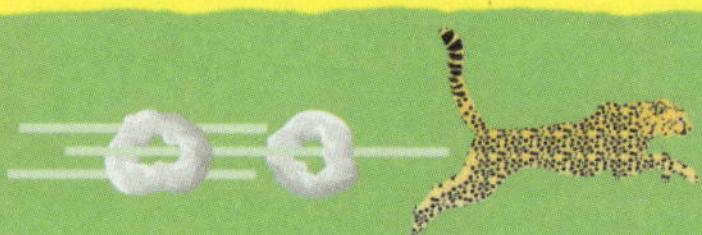 GUÉPARD

320 FAUCON (en plongée) 

40 000 HUMAIN (dans une fusée)

LA MITE FUSÉE

L'animal le plus rapide, compte tenu de sa taille, est une mite : la paratarsotomus macropalpis. Elle se déplace à 322 longueurs de corps par seconde. C'est comme si tu courais à plus de 2 000 km/h.

BOUH !

La stupéfaction de leurs prédateurs offre à ces animaux la possibilité de prendre la poudre d'escampette.

Lichénée rouge

Rainette aux yeux rouges

Mante religieuse

Triglidae

Reviens à la page précédente pour voir ces animaux lorsqu'ils sont tranquilles.

TROP OU PAS ASSEZ

La nature est bien faite et la population de chaque espèce respecte un équilibre ! C'était vrai jusqu'à ce que l'homme vienne tout remettre en question.

TROP

RASCASSE

CRAPAUD-BUFFLE

ÉTOURNEAU SANSONNET

BOMBYX DISPARATE

ABEILLE TUEUSE

CARPE COMMUNE

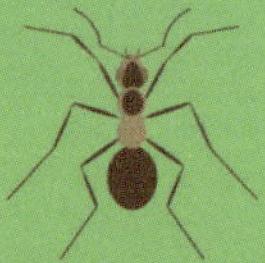
FOURMI D'ARGENTINE

ALEYRODIDAE

TROP DE CRAPAUDS

Des crapauds-buffles ont été introduits en Australie en 1935 pour réguler les scarabées qui dévoraient les récoltes. On en compte aujourd'hui 1 milliard sur le territoire.

Ils sont énormes, très venimeux et mangent tout ce qu'ils trouvent y compris ce qu'ils volent dans les gamelles des animaux de compagnie du voisinage.

TROP DE RASCASSES

Dans les années 1970, il n'y avait pas de rascasses dans la mer des Caraïbes.

On en compte aujourd'hui plus de 1 000 à l'acre (environ 4 000 m^2), probablement parce que 6 spécimens se sont échappés d'un aquarium.

La rascasse peut pondre 1 million d'œufs chaque année et mange 40 poissons par heure.

Il y a tellement de rascasses qu'elles ont commencé à se dévorer entre elles !

On dénombre uniquement 57 léopards de l'Amour dans la nature. Dans le passé, ils étaient des milliers.

PAS ASSEZ

ORANG-OUTAN

RHINOCÉROS DE JAVA

LÉOPARD DE L'AMOUR

MIRO DES CHATHAM

MARSOUIN DU PACIFIQUE

TIGRE

TORTUE IMBRIQUÉE

GORILLE DE MONTAGNE

CURE ABSURDE

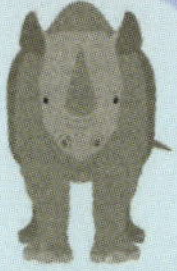

Il n'y a plus que 60 rhinocéros de Java dans le monde. L'espèce a été décimée par les humains pour la corne de l'animal, utilisée en médecine traditionnelle chinoise.

La corne de rhinocéros est composée de kératine, un élément que l'on trouve dans les cheveux et les ongles. C'est un peu comme si on soignait les maladies en se rongeant les ongles... Absurde !

UN PEU D'ESPOIR

Les humains peuvent aussi contribuer à rétablir l'équilibre naturel des choses.

En 1980, il ne restait plus que 5 spécimens du Miro des Chatham. Un programme de préservation de l'espèce a été mis en œuvre et l'on compte aujourd'hui environ 300 spécimens. Si toi aussi, tu veux participer à des programmes de ce type, rends-toi sur wwf.fr.

ILS SONT FORTS, CES RATS !

Les rats font pipi partout et même sur leurs congénères. Ils se servent de leur urine pour communiquer des informations telles que leur âge ou leur humeur du moment.

J'ai 3 ans.

Je viens de me battre.

Je suis un rat brun… pas noir.

Je suis le chef de cette bande.

Pour le moment, je suis de bonne humeur.

C'est vraiment délicieux. Tu devrais essayer !

POURQUOI LES RATS FONT-ILS PIPI SUR LEUR NOURRITURE ?

Le rat ne peut pas vomir, il doit donc faire attention à ce qu'il mange. Uriner sur sa nourriture revient à dire : "C'est bon, tu peux manger. Ça aura un peu le goût de pipi mais au moins il n'y a pas de danger."

LES CHAMPIONS DU PIPI

Certains animaux ont de drôles d'habitudes.

LA PLUS GRANDE PRODUCTION

Chaque jour, le rorqual produit environ 970 litres d'urine. C'est l'équivalent de 5 baignoires.

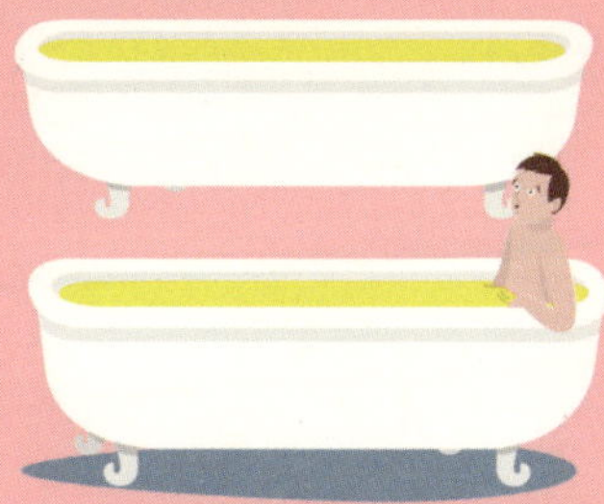

Les humains produisent environ 1 litre et demi par jour.

ÇA BRILLE

Le pipi de chat BRILLE lorsqu'on l'expose à un rayonnement ultraviolet. Ceux de la souris, du rat et aussi des humains brillent également mais le pipi de chat est le plus luisant de tous.

DRÔLE DE COUTUME

Dans le sud du Soudan, les Mundari aiment leurs vaches. À tel point que tous les matins, les membres de cette tribu se frottent la tête sur leur vache préférée et lui font pipi dessus ! Le poil de la bête vire progressivement à l'orange et l'urine les protège des infections et tue les bactéries.

UN TOUR AU PETIT COIN ?

Certains animaux font très souvent leurs besoins, d'autres beaucoup moins fréquemment.

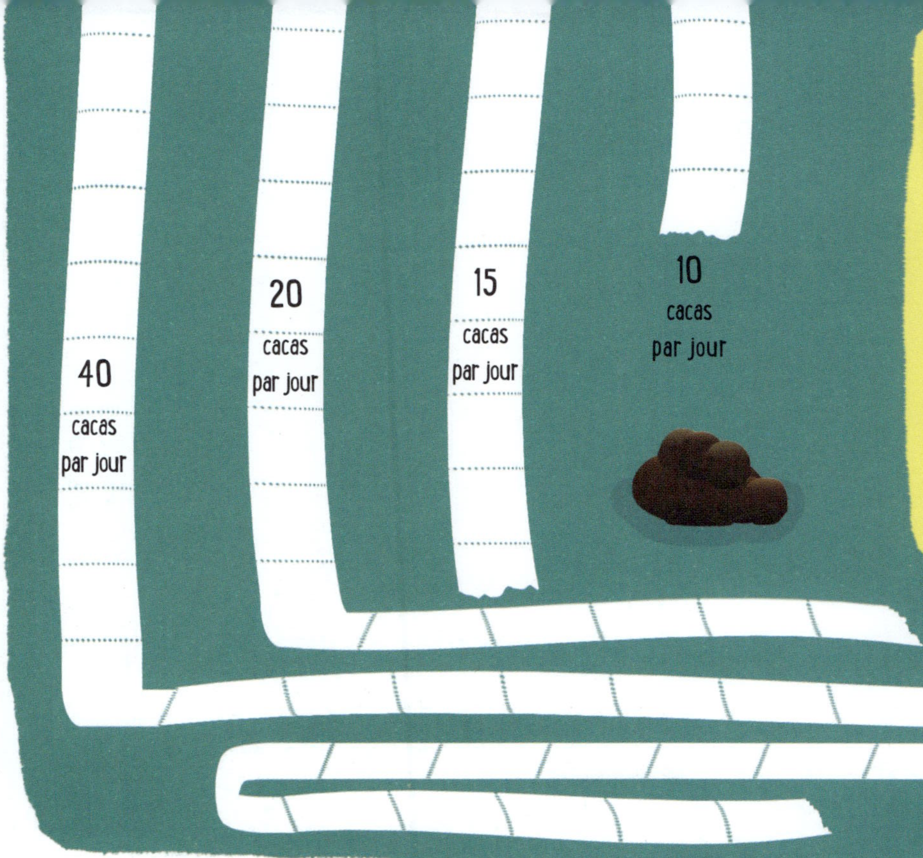

BOMBE À RETARDEMENT
Le démodex est un acarien microscopique, parasite des mammifères. Il n'a pas d'anus et ne PEUT DONC PAS faire caca.
Il stocke ses déchets dans une partie de son corps et EXPLOSE lorsqu'il meurt.

Première édition en anglais en 2017 par Bloomsbury Publishing Plc,
sous le titre *The Awesome Book of Animals*

Pour l'édition française :

Traduction et mise en pages : Éric Marson

Dépôt légal : mars 2018 – tirage n° 1
ISBN : 978-2-7324-8346-7

Loi 49-956 du 16 juillet 1949 sur les publications destinées à la jeunesse

Imprimé en Chine
www.lamartinierejeunesse.fr
www.lamartinieregroupe.com